成为女皇

武则天的一生

王寿南 著

广西人民出版社

武后行従図（局部）

宫乐图

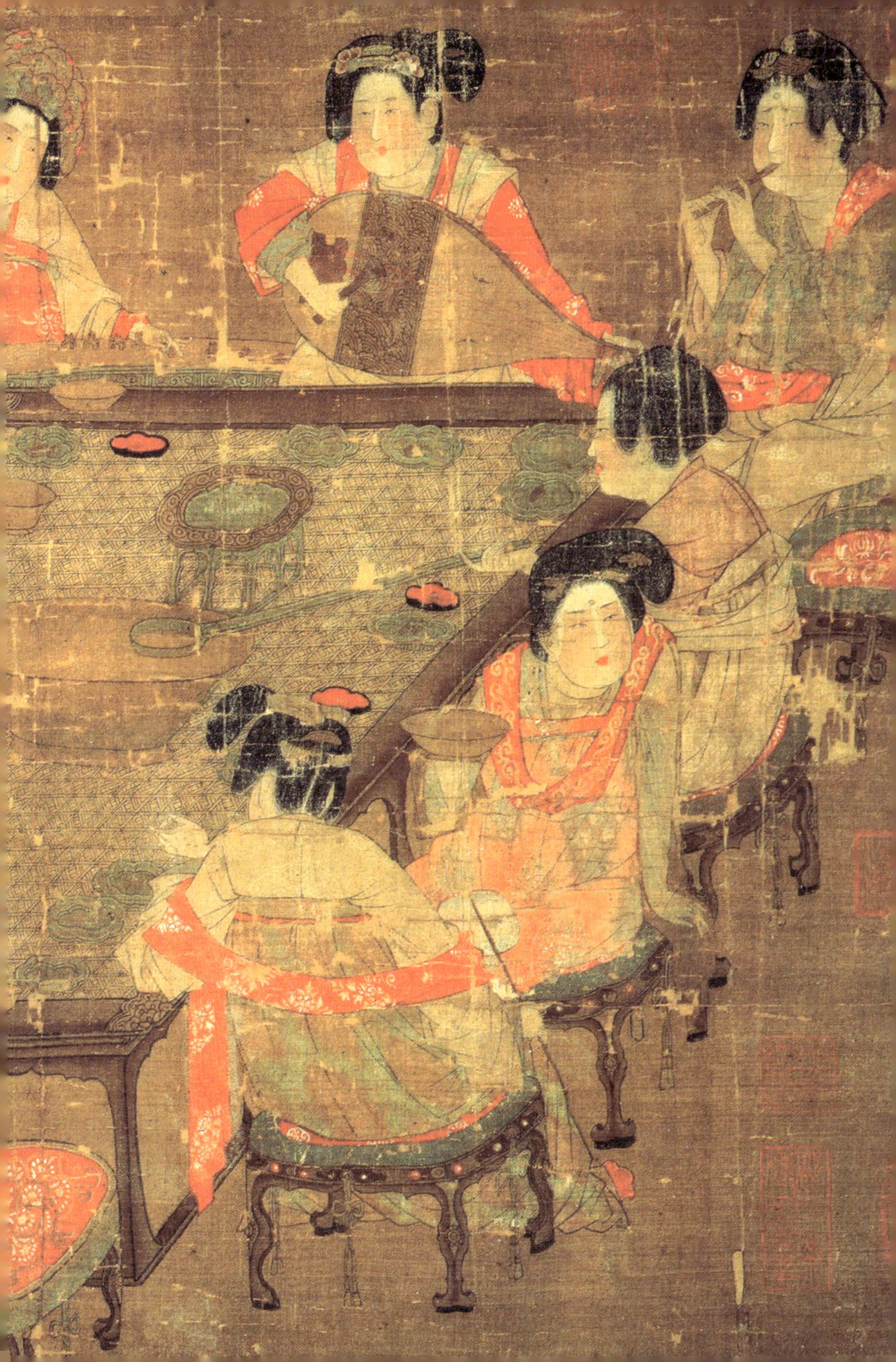

虢国夫人游春图（局部）

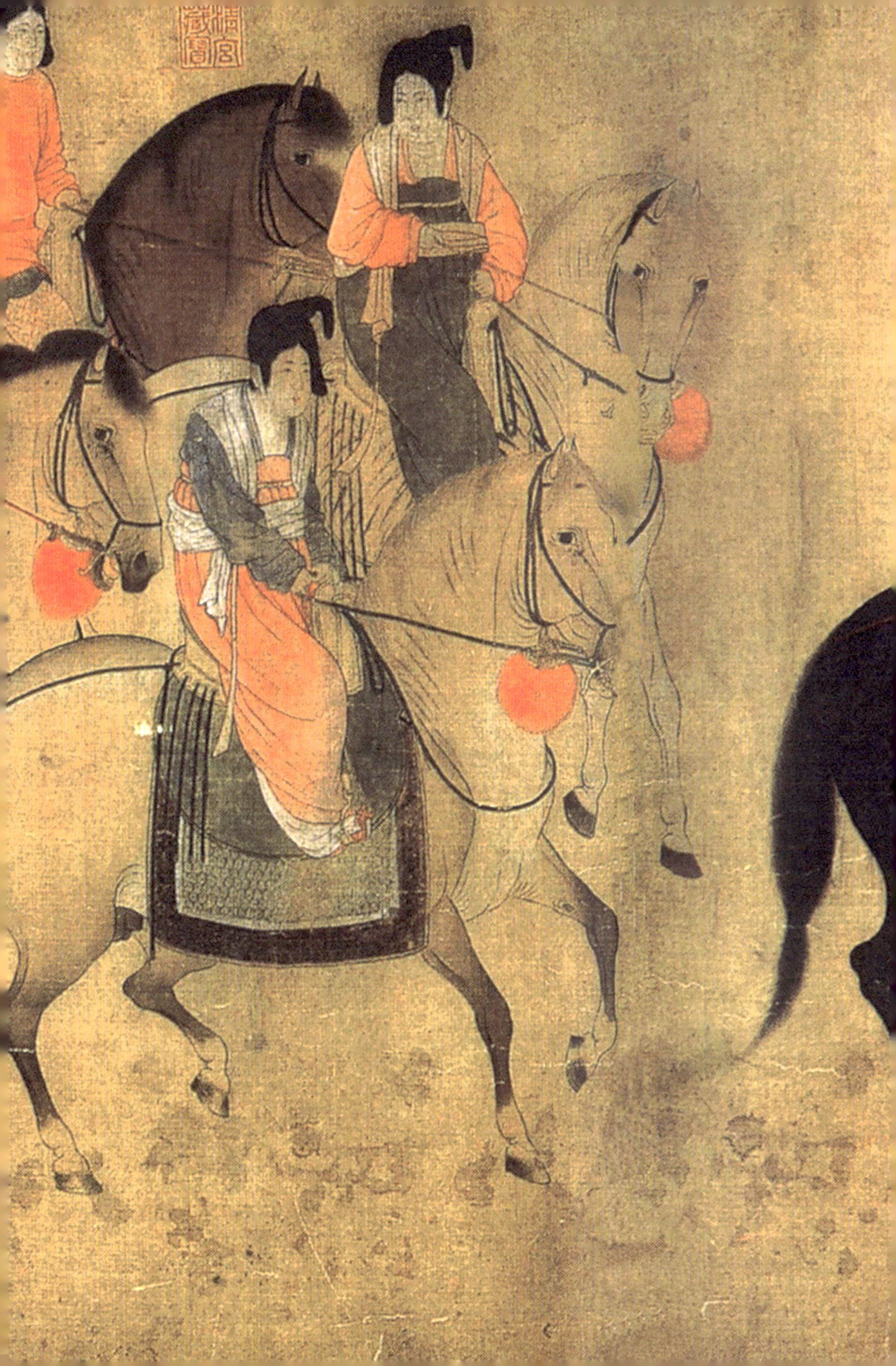

武则天主要人物关系图

丈夫
- 李世民
- 李治

子女
- 李弘
- 李贤
- 李显
- 李旦
- 太平公主
- 安定公主

兄弟姐妹
- 武元庆
  - 武审思
  - 武再思
  - 武三思
- 武元爽
  - 武承嗣
  - 武承业
- 武顺
  - 贺兰敏之
  - 贺兰氏

武则天

- **父母**: 武士彟　杨氏
- **拥武派**:
  - 许敬宗
  - 李义府
  - 崔义玄
  - 袁公瑜
- **主要朝臣**:
  - 长孙无忌
  - 褚遂良
  - 李勣
  - 狄仁杰
  - 张柬之
  - 魏元忠
- **男宠**:
  - 薛怀义
  - 沈南璆
  - 张昌宗
  - 张易之

自序

2004年到2007年，我双眼失明，幸蒙恩典，2007年底我重获光明。在三年多的失明期间，在妻子吴涵碧的鼓励下，我尝试用口述的方式来写文章，文章的内容以历史分析为主，在《历史月刊》发表，每月一篇，其后将刊出的部分汇集成册，成为《照照历史的镜子》一书，由台湾商务印书馆出版。

眼睛复明后，我对口述的方式产生兴趣，正巧有一个广播电台邀请我去上节目，要我就历史文化、人生哲学和信仰问题做专题分析，讲题由我自定，每个月讲两次，大约讲了一年。有一天，电台负责人对我说，我在电台每次讲一个题目，彼此互无关联，何不来一个"长篇"，像连续剧一样，以历史人物为主题。我听了他的建议，考虑几天之后，决定讲武则天，因为武则天对中国人来说，知名度很高，她的一生波涛起伏，故事性强，容易引起听众的兴趣。在电台共讲了四十五次，我把讲稿汇集起来就成了这本小书。

本书的性质为人物传记，以传主为主轴，所以对当时的制度、社会、经济、文化等均略而不述，可以让读者集中注意力于武则天本人，不致分散焦点。本书写作系以正史及历史研究者认为可靠的史料为依据，不虚构情节，不捏造人物，因此本书不是小说，而是真实的历史传记。由于本书原是广播讲稿，务求听众容易接受，于是不引用史籍的原文，也避免用考证、辨析、诠释等学术论文写作的方式，而用平实的叙事方式呈现出来，让读者对武则天这个人有较清晰的认识。

如果就道德的观点来评论，武则天绝对是一个负面人物，她残忍狠毒、不仁不义、杀人如麻、两手血腥，是一个不值得标榜的女人。然而她是中国历史上唯一的女皇帝，这也是事实，中国人会对她产生兴趣是可想而知的事。本书只是忠实地叙述一个历史人物的生平故事，至于善恶是非则由读者自行评析。

本书得以问世，我要感谢台湾商务印书馆的总编辑方鹏程先生、编辑部经理李俊男先生等的大力支持，我也要感谢我的妻子吴涵碧女士对我生活的照顾和不断的鼓励。

本书如有缺失和不周全之处，尚请各位读者多多赐予指教和包涵。

王寿南谨识

2013年5月12日于台北静轩

目录

引　子 / 001

第一章　十四岁入宫做才人 / 003
武则天七八个月大时，相士袁天纲看了看穿着男婴衣服的她，大惊道："这孩子若是女的，当为天下主。"十四岁时，她入宫，做了唐太宗的才人。

第二章　前朝遗妃二次进宫 / 011
王皇后听到皇帝在庙里和一个尼姑相对痛哭的新闻，不但没有吃醋，反而露出笑容。原来这时候唐高宗喜爱另一个妃子，叫萧淑妃。王皇后想借这个尼姑转移皇帝的注意力。

第三章　扼杀亲生女儿 / 017

武昭仪闷死自己的亲生女儿，却对唐高宗说是王皇后杀的。她这是故意嫁祸于王皇后。

第四章　抢夺后冠 / 023

宰相韩瑗痛哭流涕，阻拦唐高宗废王皇后改立武昭仪为皇后。前朝重臣纷纷上表，极力阻挠。这与唐太宗时期谏诤之风有关系。但是李治不是唐太宗，他优柔寡断。

第五章　三十二岁登上皇后宝座 / 031

唐高宗想立武昭仪为皇后，他要在朝廷中找到支持者。大臣李勣说："这是陛下的家务事，何必再去问外人。"

第六章　铲除前朝辅政大臣 / 039

唐高宗将武昭仪推上皇后宝座。武后助唐高宗铲除长孙无忌等前朝辅政大臣。

第七章　重用进士科人才 / 047

武后重视科举取士。从武后开始，一直到清朝末年，政府重要官职几乎都由进士科出身的人担任。

第八章 二圣临朝 / 055

唐高宗上朝,武后必坐在他的身后,垂下丝帘,听文武百官奏事。许多重要的大事,武后都会开口代皇帝做裁决。

第九章 武则天的"影子内阁" / 063

武则天安排北门学士修撰《臣轨》等典籍,以加强对人民的思想教育,要人民建立服从和忠君的观念。

第十章 设计害死外甥女和哥哥 / 069

武则天下毒毒死了自己姐姐的女儿,接着嫁祸给自己的两位哥哥,又亲自下令处死自己的哥哥们,报了私仇。

第十一章 害死两个太子 / 077

武后觉得,长子李弘和次子李贤以后继承皇位,会不利于自己掌握政治大权,而将二人害死。

第十二章 废唐中宗 / 085

唐中宗说要把天下给岳父韦玄贞。武后大怒,废掉三子唐中宗。

第十三章 涂敬业起兵反武 / 091

徐敬业、骆宾王等失意官僚起兵讨伐武后。武后召集宰相们入宫开会,商量对策。

第十四章 宰相裴炎做了替罪羊 / 099

裴炎对李唐王朝死忠。武后把他看成是她称帝道路上的大障碍,必须赶快除掉。

第十五章 平定涂敬业谋乱 / 105

武后掌权执政,只是皇宫的内斗,对社会大众没有产生不良影响。这不是一个有利于起来反抗政府或武后的环境。

第十六章 令人恐惧的告密箱 / 111

武后提倡和鼓励告密,希望借此把藏在暗中的敌人挖出来,让人制作了接收告密书信的铜匦。

第十七章 告密与酷吏 / 119

许多中央官员每天清晨去上朝,都要和家人诀别,对家人说:"不知能不能再相见。"带着永别的心情去上朝,这真是一个恐怖的世界。

第十八章 酷吏设计酷刑 / 125

酷吏们为了逼迫被告认罪,"发明"了许多残酷的刑具。

第十九章　圣母神皇 / 131

从五月到七月，武后的一连串作为，明显地表示她的企图，尤其"圣母神皇"的尊号，更赤裸裸地显示她即将正式成为"皇帝"。

第二十章　消灭李氏诸王 / 139

武后对李唐宗室子孙大开杀戒，获得大胜。她踏着李唐皇族的尸体，一步一步走上皇帝的宝座。

第二十一章　公正的狄仁杰 / 147

狄仁杰有丰富的法律知识和办案经验，又有一颗忠恕仁爱的心，在大理寺获得了很好的名声。

第二十二章　面首薛怀义 / 153

冯小宝进了宫。武后对冯小宝的服侍十分满意。于是，冯小宝成为武后的面首。所谓面首就是男宠、男妾的意思。

第二十三章　假造天意和佛意 / 159

《大云经》说：天女降生人间以女子之身出现，做一国之王。女皇君临天下，摧毁并收服所有的邪魔，威震天下。天下的善男子都要来臣服，女皇来世要成佛。

第二十四章 六十七岁登皇位 / 165

女皇坐在御座上，红光满面，容光焕发。这位六十七岁的女人好像年轻了二十岁。

第二十五章 女皇心态在转变 / 171

武后登上皇帝宝座，建立了一个新朝代，觉得潜在的敌人都已消灭，认为该是停止告密、结束恐怖政策的时候了。

第二十六章 整治酷吏 / 179

女皇是有政治权谋的人，当然了解恐惧与绝望是社会反动的种子，于是在黑暗中要点起几盏明灯，让人们看得到希望。这几盏明灯就是正直的官员，用他们来对付嚣张的酷吏们。

第二十七章 请君入瓮 / 185

来俊臣拉着周兴的手，走到热烘烘的大瓮前，对周兴说："不瞒老兄，我刚才接到皇上的密旨，有人告你谋反，皇上要我来处置你。现在，请君入瓮吧！"周兴一听，呆若木鸡。

第二十八章 最大酷吏来俊臣之死 / 193

女皇自己似乎跟酷吏的罪行毫不相干，把责任推得一干二净。其实，来俊臣是女皇亲自喂养长大的"走狗"，罪魁祸首无疑是女皇。

第二十九章 皇嗣李旦如履薄冰 / 201

武承嗣的野心是争取皇位继承权,这是人尽皆知的事,他的最大障碍是皇嗣李旦。这让李旦十分忧心,深恐自己会被武承嗣杀害。

第三十章 武承嗣的太子梦 / 207

将来究竟要把皇位传给谁?是姓李的儿子,还是姓武的侄儿?这问题一直在女皇的心里打转。

第三十一章 求才若渴 / 215

女皇求才若渴的心在中国古代的皇帝中是很少见的,当然,她求才是要巩固自己的权位。

第三十二章 "国老"狄仁杰 / 223

女皇对身旁的臣子说:"国老年纪大了,屡次要求告老还乡,都被朕强留下来。每次上朝,看到国老下拜,朕心中总是感到不忍。从今以后,国老上朝不要下拜。"

第三十三章 女皇的男宠们 / 229

女皇这时年龄已过七十,但身体仍然健壮,亲自处理政务,不觉疲劳。但是夜晚孤寂的感觉却笼罩在她心头。她需要男人,需要身旁有可以说话、嬉笑、陪伴的男人。

第三十四章 太子宝座争夺战 / 235

如果要立儿子为太子,是该立庐陵王呢,还是立皇嗣呢?女皇不知如何选择。

第三十五章 立庐陵王为太子 / 243

为什么女皇决定立儿子李显为太子而舍弃了侄儿武三思呢?因为女皇听从了宰相狄仁杰的劝告,但也有其他原因。

第三十六章 荒淫的晚年生活 / 251

女皇虽然已经七十多岁了,但她似乎觉得生活越来越有趣了,不但权力欲望得到大大的满足,而且皇宫里夜夜笙歌,有年轻貌美的少年男宠陪伴。如此人间仙境,她舍不得放弃。

第三十七章 老迈的女皇力不从心 / 259

苏安恒敢于冒死一再上奏章请女皇退位,其实反映了朝廷中多数大臣的心意。而女皇一再容忍苏安恒的逼迫,也是感觉到大臣中拥护李家的势力相当强大,无法压制了。

第三十八章 大臣挑战男宠 / 267

张昌宗跑到张说身边,用威胁的语气说:"你赶快说,赶快说魏元忠如何说谋逆的话,快说!"张说面对女皇说:"陛下请看,在陛下面前,昌宗尚且如此逼迫臣,何况在外面呢!"

第三十九章 男宠的危机 / 275

老臣魏元忠被流放,向女皇辞行,指着侍立在女皇两旁的张易之和张昌宗两兄弟说:"这两个小儿终将祸乱天下!"

第四十章 宋璟勇敢抗命 / 281

女皇想保护张易之、张昌宗,便使出调虎离山之计,把宋璟派到地方去办事。没想到宋璟熟悉政府运作的规则,没有中计,女皇也只得罢手。

第四十一章 朝臣们的忧惧 / 289

朝臣们担心,如果女皇临终前身边只有张氏兄弟,则他们可能假造一份女皇要将皇位传给张易之或张昌宗的遗诏。

第四十二章　五人密谋政变 / 297

神龙元年正月，女皇病情转剧，守候在她身边的只有张易之、张昌宗兄弟。女皇下令，一切朝政都交给张氏兄弟处理决定，这引起朝臣不安。

第四十三章　政变成功 / 305

张柬之命令军士们将女皇的寝宫团团围住。女皇知道大势已去。整个皇宫控制在别人手里，自己全身软弱，连坐起来的力气都没有，像是困在沙滩上的鲸鱼，只好任人摆布。

第四十四章　上阳宫落叶 / 313

神龙元年（705年）十一月二十六日，寒风冽冽，洛阳上阳宫的院子里，落叶满地。武则天停止了呼吸，离开了这世界，享年八十二岁。

第四十五章　无字碑 / 321

武则天是一个权力欲极强的人。她所有的努力都朝向一个目标：夺取权力。

引子

神龙元年（705年）正月二十五日上午，洛阳上阳宫的院子里挤满了人。他们穿着朝服，都是朝廷的文武大臣，在皇帝唐中宗李显的率领下来到上阳宫，向唐中宗的母亲——刚退位的女皇问安，并且为女皇献上一个尊号：则天大圣皇帝。

这位女皇在位十五年，在即位以前，她就有"圣母神皇"的尊号。登上皇位以后，她有许多尊号，包括"圣神皇帝""金轮圣神皇帝""越古金轮圣神皇帝""慈氏越古金轮圣神皇帝""天册金轮圣神皇帝"等。现在，她退位了，儿子唐中宗尊称她为"则天大圣皇帝"，后人便称她为"武则天"。其实，"武则天"只是她的姓和尊号连在一起。她真正的名字是"武曌"，不过后人很少用名字来称呼她。

武则天是个奇人。她的人生经历曲折多变、多彩多姿，却也惊涛骇浪、满地血腥。在这条路上，前无古人，后无来者。她一人独行，不知是骄傲，还是悲哀？

第一章 十四岁入宫做才人

武则天七八个月大时,相士袁天纲看了看穿着男婴衣服的她,大惊道:"这孩子若是女的,当为天下主。"十四岁时,她入宫,做了唐太宗的才人。

武则天

"皇帝"的尊号是秦始皇创立的，一直到清朝宣统皇帝退位才终止，沿用了两千多年。皇帝是封建社会拥有最高政治权力的人，他的命令可以超越法律，全国人民的生死荣辱都操在他的手中。两千多年来，皇帝职位几乎全由男人担任，只有武则天是中国历史上唯一的女性皇帝，所以武则天在中国历史上特别受到注目。

武则天能登上男性独霸的皇帝宝座绝非偶然之事，也不是容易做到的事。在武则天走到皇帝宝座的路上，充满了人性的诡诈，洒满了许多人的血泪。

武则天是今山西文水县人。父亲武士彟是木材商，拥有大片森林，很富有。武士彟善于交际应酬，结交许多官场人物。在山西太原一带的达官贵人常和他来往。隋炀帝末年，李渊担任太原留守（相当于太原市市长兼太原警备区司令），和武士彟交情深厚。李渊到文水地区巡察时，便在他家住宿。

隋炀帝大业十三年（617年），李渊于太原起兵反隋，从太原攻入长安。武士彟追随李渊，官职是大将军府铠曹参军，职务大概是负责掌管武器。唐朝建立后，武士彟在朝廷任官，先后担任过工部尚书、利州都督和荆州都督等职。

武士彟结过两次婚。第一位妻子是相里氏，生了两个儿子，长子叫武元庆，次子叫武元爽。相里氏去世以后，武士彟又娶杨氏为妻。杨氏是隋朝皇室观王杨雄的侄女，虽然隋朝已灭亡，但旧皇室的成员仍是高门望族。武士彟娶杨氏为妻，显然是想借与名门望族联姻来提高自己的社会地位。杨氏生了三个女儿，武则天是杨氏所生的次女。

武则天于唐高祖武德七年（624年）生于利州，即今四川广元。贞观元年（627年），她的父亲任利州都督。当武则天还很幼小的时候，据说有一位擅长看相的人，名叫袁天纲。他经过利州，武士彟请他为妻子杨氏看相。袁天纲说："夫人骨法非常，必生贵子。"又为武士彟的两个儿子武元庆、武元爽看相，袁天纲说："你们官位可以做到刺史。"接着为杨氏的长女看相，袁天纲说："这女孩能成贵人，但不利其夫。"最后，杨氏把次女抱来。这时的武则天才七八个月大，还不会走路。杨氏把武则天打扮得像个男孩子，穿男孩的衣服，戴男孩的帽子。袁天纲看了这孩子，大惊道："这孩子若是女的，当为天下主。"

袁天纲为武士彟家人看相的故事出自唐人小说《谭宾录》，《旧唐书》的《方伎传》也提到。但这个故事不足采信，因为袁天纲说的武元庆、武元爽的官职和杨氏长女的遭遇完全正确。武则天的相看得太准了，说一个女人可以"为天下主"，这是打破传统中国人的观念和中国人的经验法则的。一个相士说到百分之百正确，反而让人不敢相信。想来这段故事是武则天当了皇帝以后，有心人编造出来，在社会上流传开来的。《谭宾录》的作者便把这则流传的故事写出来。在中国历史上，许多成名的人物都有人为他们的事迹编造一些故事。例如说五代后梁太祖朱温出生时，红光满室，透到屋顶，村里的人们看到朱家屋顶有红光，以为失火了，竟提了水桶来救火；又如清朝平定太平天国运动的曾国藩患有皮肤病，和朋友下棋，边下棋边抓手臂，一盘棋下完，桌上满是曾国藩的皮屑，于是有人说曾国藩是蟒蛇转世，因为蛇会蜕皮。其实这些都是人们附会伪造的说法。

　　武则天出生在富贵之家，童年生活似乎应该幸福美满，其实不然。武则天的父亲先娶相里氏为妻，生了两个儿子武元庆和武元爽。相里氏死后，又娶杨氏为妻。当时武元庆、武元爽的年龄和杨氏相差不多，这两兄弟对继母没有尊敬的心理，使杨氏感受到委屈。当武则天十二岁时，父亲去世，武家的产业由武元庆、武元爽两兄弟掌管，他们对继母杨氏和其所生的三个女儿没有好脸色。杨氏和三个女儿虽然衣食无虞，但在家族中受到欺凌、轻视，感到深深的痛苦，觉得满腹心酸。她们母女此时真是寡妇孤女。

武则天的童年是不快乐的。那种被压迫的感觉深深地影响到她的人格成长，造成她后来强烈的权力欲和残忍的性格。心理学家认为，一个人的童年生活会影响他的人格形成和行为取向。一个生活在温暖家庭中的儿童，成年以后的性格较容易显现出善良、温和。相反地，一个生活在冷漠、暴力、痛苦家庭中的儿童，成年以后较容易表现出粗暴、仇恨、诡诈的行为。武则天一生的故事正好可以给这个心理学上的说法做一个证据。

唐太宗贞观十一年（637年），武则天十四岁，被征召进入皇宫，做了唐太宗的才人，成为太宗的妃子。据说武则天进宫的那天，母亲杨氏抱着女儿痛哭。中国人常说"侯门一入深如海"，所谓"侯门"就是王公大臣的家。嫁到王公大臣的家，规矩繁多，庭院

唐太宗画像

深深，外面的人就很难见到面了。现在女儿要进皇宫，皇宫比侯门更深，进去以后，恐怕更见不到面了。难怪杨氏舍不得女儿一去不回，要抱着女儿痛哭了。可是武则天却很镇静地对母亲说："见天子岂知不是福呢！妈，你哭什么呀！"

武则天十四岁嫁人，也许有人认为年纪太小，其实唐

代社会盛行早婚,唐太宗即位之初就宣布女子十五岁是合法的结婚年龄,后来又把女子合法结婚年龄降到十三岁。如果从唐朝人的传记和诗人的诗词里观察,唐朝女子实际婚嫁的年龄多为十四岁到十八岁。所以,武则天十四岁入宫是合适的。

武则天入宫的头衔是"才人"。"才人"不是指有才之人,而是皇帝妃子中的一个头衔。在皇帝的后宫中,皇后的地位最高;其次是贵妃、淑妃、德妃、贤妃各一人,称为"四夫人";再次是昭仪、昭容、昭媛、修仪、修容、修媛、充仪、充容、充媛各一人,称为"九嫔";然后是婕妤、美人、才人各九人;最后是宝林、御女、采女各二十七人。宝林以下就是宫女,那是皇宫里的丫鬟、婢女。所以,皇帝的妃子从贵妃到采女有一百二十一人。其实这是制度上的安排,实际上皇帝的妃子常超过制度上的数目,而头衔也不断增加。在制度上,四夫人是高级妃子,九嫔是中级妃子,婕妤、美人、才人、宝林、御女、采女都是低级妃子(见表1)。

表1 唐代嫔妃等级表

等级	嫔号	备注
正一品	夫人	贵妃、淑妃、德妃、贤妃各一人
正二品	九嫔	昭仪、昭容、昭媛、修仪、修容、修媛、充仪、充容、充媛各一人

续表

等级	嫔号	备注
正三品	婕妤	九人
正四品	美人	九人
正五品	才人	九人
正六品	宝林	二十七人
正七品	御女	二十七人
正八品	采女	二十七人

注：本表为编者制，资料来源《旧唐书》《新唐书》等。

武则天是一个很想出人头地的人，如果有机会她一定会努力抓住，表现她的才能。有一天，唐太宗得到一匹骏马，召集群臣来观看。唐太宗说："这是一匹好马，只是野性很强，你们谁能驾驭它？"群臣都在仔细察看这匹马，还不及回答，站在旁边的武则天说："我能驾驭它。"

"哦？"唐太宗惊奇地望着武才人，"你一个弱女子怎么能驾驭得了这匹野性刚烈的马？"

武才人回答道："请皇上赐我三样东西。"

"哪三样？"唐太宗好奇地问。

武才人从容地说："一条铁鞭，一个铁锤，一把匕首。我先用铁鞭打它，它若不服，我就用铁锤击它的头，它如果再不服，就用匕首割断它的咽喉。"

唐太宗虽然惊奇于武才人驾驭野马的方法，但没有给她那三样东西，也没真的让武才人去驾驭那匹马。

不过，武则天在后来登上皇位的过程中确是用了她想驾驭野马的手段制服那些反对她的敌人。

武则天十四岁入宫做了唐太宗的低级妃子。她在宫中的生活，史书上没有记录，但可以确定的是，她没有为唐太宗生过孩子。她在宫里住了十多年，直到唐太宗去世，才离开皇宫。

第二章 前朝遗妃二次进宫

王皇后听到皇帝在庙里和一个尼姑相对痛哭的新闻,不但没有吃醋,反而露出笑容。原来这时候唐高宗喜爱另一个妃子,叫萧淑妃。王皇后想借这个尼姑转移皇帝的注意力。

贞观二十三年（649年）五月，唐太宗李世民去世，太子李治即位，是为唐高宗。依照当时的规矩，皇帝去世以后，除皇后和为皇帝生过儿女的妃子可以留在皇宫或皇子的王府外，其他妃嫔都必须出宫，因为宫中的房舍要留给新皇帝的妃嫔居住。那些出宫的妃嫔几乎只有一个去处，就是出家当尼姑。武则天到了长安西郊的感业寺，削发为尼。

唐高宗即位后的第三年，逢唐太宗的忌日，到感业寺烧香祭拜，在庙里见到武才人。唐高宗做太子时常去拜见父亲唐太宗，看到唐太宗身旁有一个妃子，貌美又有刚毅之气，那便是武才人。唐高宗十分喜爱这女子。太宗卧病在床时，唐高宗以太子的身份，每天都要去探望父亲，于是和武才人逐渐熟悉起来。唐高宗虽然心里喜爱武才人，但她是父亲的妃子，他当然不敢轻举妄动，只把这份爱意暗暗藏在心里。

现在，唐高宗又见到武才人。虽然她已经剃了头发，身穿袈裟，但那份美丽和英气依然存在。唐高宗忍不住一把抓住武才人，把她拉到方丈室去，两人抱头痛哭。

唐高宗的举动让守护在身边的宦官和宫女大为吃惊。皇帝和一个尼姑相对面泣，这真是一件大新闻。于是，立刻有腿快嘴又快的宫女把这件大新闻传到皇宫，说给唐高宗的王皇后听。

王皇后听到皇帝在庙里和一个尼姑相对痛哭的新闻，不但没有吃醋，反而露出笑容。原来这时候王皇后正失宠。唐高宗喜爱另一个妃子，叫萧淑妃，对王皇后十分冷淡。王皇后对萧淑妃愤恨不已，总想夺回皇帝的宠爱，可惜千方百计都无法挽回唐高宗的心。更可怕的是，萧淑妃为唐高宗生下一个儿子，取名素节，而王皇后则未曾生育。中国古代有母以子为贵的观念，王皇后没有儿子，这是她心里的最大恐惧，因为如果皇帝要立萧淑妃的儿子为太子，那么王皇后的皇后宝座恐怕就坐不下去，会被萧淑妃夺去。王皇后和舅舅柳奭商量对策。柳奭想了一个主意，要王皇后向唐高宗建议立陈王李忠为太子。因为李忠的生母刘氏，是唐高宗后宫的宫女，地位卑下，虽然生下皇子，但皇帝也没有对刘氏更加关爱，所以刘氏和陈王李忠在宫中是不被重视的人物。如果李忠被立为太子，一定会感激王皇后的爱顾，必然会视王皇后如自己的母亲，这样王皇后的皇后宝座就坐稳了。王皇后接受了舅舅柳奭的建议，便要求唐高宗立李忠为太子。柳奭在外面和几位有分量的大臣如宰相长孙无忌等商议，建议立李忠为太子，长孙无忌等人也赞同。唐高宗面对王皇后的要求和大臣们的支持，便在永徽三年（652年）立陈王李忠为皇太子。这件事使王皇后心里的一块大石头放下了，但是皇帝仍然宠爱萧淑妃。王皇后心里的酸味愈来愈浓，时时刻刻在想用什么办法来打击萧淑妃。

现在听到皇帝在感业寺和一个尼姑对泣，王皇后忽然计上心头：何不让皇帝把宠爱转移到那个尼姑身上，这样萧淑妃就会失宠了。至于那尼姑,大概不可能是绝色美人,皇帝只是欢喜新鲜而已,不如把她引进宫来,让皇帝玩一玩。玩腻了,皇帝就不会再管她了,那时皇帝的心也许又回到自己这边来了。

王皇后越想越觉得此计甚妙,于是向唐高宗建议把那感业寺的尼姑召进宫来。唐高宗立刻欣然接受。王皇后便派人去感业寺秘密告知武则天,要她把头发留起来。

等到武则天把头发留起来,王皇后果然命人把她接进宫去。于是,武则天第二次进了宫。

唐高宗见到武则天真是万分高兴,立刻封她为昭仪。昭仪的地位比才人高多了。从此,武则天成为唐高宗最宠爱的妃子。

武昭仪第二次进宫真是百感交集,这皇宫的景物是那么熟悉,但宫中的女人都换了新面孔。

武昭仪知道,刚跨入宫门,一定要和皇后拉好关系,所以她尽量巴结王皇后,对她言语谦卑、行止有礼,这很得王皇后的喜爱,王皇后便常在皇帝面前夸奖武昭仪。王皇后认为武昭仪是她最好的助手,可以打击情敌萧淑妃。在王皇后的鼓励下,唐高宗果然很明显地越来越宠爱武昭仪,对萧淑妃则逐渐冷淡下去。

武昭仪除巴结王皇后外,对侍候在皇帝身边的宦官和宫女也加以笼络,常常送礼物给他们,于是宦官和宫女都大大称赞她。武昭仪也从那些宦官和宫女的口中知道皇帝和王皇后、萧淑妃的生活动态。这些消息对武昭仪想要提升自己地位的计划是很有帮助的。

王皇后引进了武昭仪，然而武昭仪并没有在皇帝面前替她说话，所以，武昭仪是得宠了，而王皇后却仍然没有得到唐高宗关爱的眼神。王皇后被皇帝冷落的情况越来越严重。萧淑妃也被抛进了"冰窖"，处境由极热变成极冷。

渐渐地，王皇后发现宫中的情势在改变，皇帝完全倾向武昭仪，她和萧淑妃都被"冷冻"了。她感到万分沉痛，就好像被自己养的狗咬了一口，不只伤口痛，心更痛。萧淑妃则由一个不可一世的红人变成了毫无光彩的可怜虫。于是，两人原是势不两立的情敌，现在变成了同病相怜的落难者。情场如战场，从前的敌人，现在可以变成朋友。王皇后和萧淑妃商议，要携手合作，对付共同的敌人武昭仪。她们的方法就是在唐高宗面前讲武昭仪的坏话。

王皇后在宫里的人缘不是很好。她出身世家大族，从小是养尊处优的大小姐，在宫中虽然是地位最高的女人，但她不懂得体恤宦官和宫女。宦官和宫女都认为王皇后太骄傲，都不想亲近她。王皇后的母亲柳氏和舅舅柳奭到后宫来探望王皇后时，柳氏和柳奭都仗着王皇后的权势，表现得盛气凌人，态度傲慢，这使得宦官和宫女对她更反感了。

相对地，武昭仪对待宦官和宫女的态度就大不相同。由于武昭仪曾做过才人，才人比宫女的地位稍高一点而已，因此武昭仪很了解那些宦官和宫女的生活和想法，积极地收买人心，培植自己的势力。她不但外表待人谦和，而且把皇帝赏赐给她的金钱和珍宝都大方地分送给宦官和宫女。于是宦官和宫女自然而然成为武昭仪的"啦啦队"。唐高宗在宫中听到一片对武昭仪的赞美声。同时，那些宦官和宫女又成了武昭仪的耳目，她对王皇后和萧淑妃的一举一动都了如指掌。于是武昭仪能事先对王皇后、萧淑妃的攻击做出预防，并且在唐高宗面前化解情敌们的攻击。

唐高宗听多了宦官和宫女对武昭仪的赞美，又亲自感受到她温柔体贴的照顾，深信武昭仪是个贤惠又能干的女人，更加宠爱她了。

有一天，王皇后又在唐高宗面前说武昭仪的坏话，唐高宗听了以后大为不满地说："当初是你要武昭仪进宫的，你说了武昭仪的许多优点、许多好处，现在你说的不是和从前说的相矛盾吗？我知道，你是在吃武昭仪的醋。看到我欢喜武昭仪，你就嫉妒她。我不欢喜醋坛子一样的女人。你要记住，你是皇后，要母仪天下、心胸宽大，如果连一个武昭仪都容不下，你还当什么皇后！"

面对唐高宗的训斥，王皇后又惊又恐，跪在地上痛哭流涕。唐高宗转身离去，满脸怒气。

王皇后失宠，她的舅舅柳奭原本担任宰相，一看情势不妙，便请辞宰相。唐高宗立刻照准，改任他为吏部尚书。柳奭的罢相明显地表示王皇后的势力在衰退，她的皇后位子开始动摇。

第三章 扼杀亲生女儿

武昭仪闷死自己的亲生女儿,却对唐高宗说是王皇后杀的。她这是故意嫁祸于王皇后。

唐高宗永徽五年（654年），武昭仪为唐高宗生下一个女儿。宫中人都来道贺，唐高宗也十分高兴。

有一天，王皇后也来道贺。正巧武昭仪不在，王皇后就走进她的卧房。小女婴正躺在婴儿床上，全身包裹着棉被，露出红红的脸蛋，十分可爱。王皇后不自觉地弯下腰来摸摸婴儿的脸。在婴儿身边逗留了一会儿，武昭仪仍未回来，王皇后便走了出来，对武昭仪身边的宫女说："你们告诉武昭仪，我来过了。"王皇后的意思是她的礼貌到了，也就不必和武昭仪见面了。

王皇后走后不久，武昭仪就回来了。宫女向她报告说：王皇后来看过小婴儿，刚刚走。武昭仪立刻跑进内室，看到婴儿还睡在棉被里，忽然心生一计，用棉被捂住婴儿的口鼻。不一会儿，婴儿就窒息而死。武昭仪仍旧将棉被盖好，若无其事地走到客厅。唐高宗正好进来，满脸笑容，拉着武昭仪去看婴儿。

唐高宗想轻轻地抱起婴儿，却发现婴儿死了。武昭仪立刻放声大哭。唐高宗问左右的宫女，刚才谁来过。宫女回答，王皇后刚刚才来过，摸过小婴儿。唐高宗听了宫女的回话，立刻勃然大怒，直觉地说："皇后杀了我的女儿。"

武昭仪大哭大叫，并向唐高宗诉说王皇后的种种过失。唐高宗原本就听到宫里的人讲过皇后的坏话，又知道她和萧淑妃都极为妒忌武昭仪。这很容易引导唐高宗的思路，让他认为，王皇后在吃醋的心态下扼死了武昭仪所生的女儿。

其实，这件案子不难查明。因为王皇后去看婴儿，武昭仪和王皇后身边的宫女不可能不陪同在侧。王皇后离开后，武昭仪的宫女不可能不去察看一下婴儿。这些宫女都是目击王皇后有没有扼杀女婴的证人。但是，唐高宗在盛怒之下，直接指责王皇后是凶手，谁敢和皇帝唱反调？谁敢挺身为王皇后的清白作证？大家都默不作声。这让唐高宗更相信王皇后就是杀女婴的凶手。

在皇宫里很难藏得住秘密，尤其是重要人物的一举一动都有无数双眼睛在明处或暗处窥探。武昭仪扼死自己女儿的举动，必然也有人看在眼里。只是这些人怕惹祸，不敢公开言说，但私下口耳相传很普遍。在《新唐书》《旧唐书》《资治通鉴》这些史籍中都记载着杀死女婴的人是武昭仪。

唐高宗认定杀死女婴的人是王皇后，便起了废皇后的念头。皇后号称"一国之母"，废皇后可是一件大事。唐高宗虽有了这个念头，却也不敢轻举妄动。他知道大臣们可能会反对，必须先消除这些阻力。在大臣中，威望最高的是宰相长孙无忌。长孙无忌还是唐高宗的亲舅舅。在中国古代社会中，舅舅的地位是很高的。家庭里兄弟发生争执，多半会请舅舅出来做仲裁人，所以唐高宗和武昭仪知道第一个要争取支持的人是长孙无忌。

有一天，唐高宗和武昭仪带着十车的金银器物、丝绸布匹和其他珍贵礼物到长孙无忌家拜访。长孙无忌准备了盛大的欢迎仪式，摆设丰盛的宴席接待唐高宗和武昭仪。由于唐高宗和长孙无忌是极亲近的亲戚，因此长孙无忌的家人都出席了宴会。

在宴会中，唐高宗问长孙无忌的三个儿子有无任官。三个人都回答没有。唐高宗很慷慨地立即任命他们三人为朝散大夫。所谓朝散大夫是一种散官，就是一个官阶。按唐朝的制度，官和职是分开的，官是官阶，职是职事。官阶表示一个人具有那一个官阶的资格。唐朝的官阶共有三十阶，这三十阶分为九品。每品有正、从之分，从第四品起，又有上、下阶之分，譬如第四品官中有正第四品上阶、正第四品下阶、从第四品上阶、从第四品下阶，最高的是第一品，最低的是第九品。每个官阶都有一个名称。朝散大夫的官阶是从第五品下阶，是一个中级的官阶。官阶只是一种资格，如果没有职事官的位置实际上是不能上班的，无事可做，也没有薪俸。所以唐高宗给长孙无忌的三个儿子的朝散大夫官阶只是空的头衔，没有实质的好处。

酒过三巡，唐高宗便提出此行的主要目的，说道："王皇后一直没生儿子，恐怕不适合再当皇后。"

唐高宗和武昭仪都期盼长孙无忌能顺着皇帝的话表示同意。不料这个舅舅却不理会，竟把话题岔开了，谈起别的事来。这令唐高宗和武昭仪大失所望，怅然回宫。

武昭仪并未死心，请母亲杨氏到长孙无忌家拜访几次，恳请他同意支持废王皇后，长孙无忌都予以拒绝。

武昭仪见长孙无忌的路子走不通，于是要了一个阴谋，在唐高宗面前状告王皇后使用厌胜的法术企图谋害自己。所谓厌胜，是一种古代流传下来的法术，就是把雕好的小木头人埋在地下，一个小木头人代表一个活人，用巫术诅咒那活人得祸而死。这种巫术在汉朝的皇宫里就很流行，称为"巫蛊"。由于这种诅咒太过阴险狠毒，因此一直被严令禁止，凡用厌胜之法的人均会被处死。其实这种法术有无效力，不得而知，但会造成人心的恐惧，所以要严令禁止。武昭仪自己造了个小木头人，诬陷说是王皇后对她行厌胜之法。唐高宗大怒，认为这件事一定是王皇后的母亲柳氏教唆女儿做的，便下令禁止柳氏入宫。虽然王皇后极力喊冤，但唐高宗先入为主，不信她是冤枉的。唐高宗废王皇后的意志更坚定了。

接着，王皇后的舅舅柳奭由吏部尚书降调为遂州刺史。遂州在四川。柳奭从长安出发，走到岐州。岐州长史于承素早就知道武昭仪排挤王皇后的事。他为了迎合武昭仪，便上奏章给皇帝，说柳奭泄露宫中秘密。于是柳奭又被调到更偏远的荣州当刺史。柳奭官职的一降再降，正显示出唐高宗对王皇后的不满越来越强烈。

唐高宗想废王皇后改立武昭仪为皇后的消息，很快就传遍了朝廷。唐太宗时留下的一些元老重臣私下都表示反对，而一些投机的中级官员想趁此机会晋升高官，则站在武昭仪这一边。

李义府当时担任中书舍人，是个品德操守不良的小人。他的长官宰相长孙无忌把他贬到壁州当司马。壁州在四川，是边远地区，如果去到那里，他这一辈子恐怕就爬不上政治高位了，他很焦急地找到另一位中书舍人王德俭。王德俭为他出了一个主意："听说皇上很想立武昭仪做皇后，但那些元老重臣们反对，没做成。如果你有好办法促成这件事，你就能转祸为福了。"

李义府觉得王德俭的主意不错，立刻写了奏章，请唐高宗废王皇后，立武昭仪为皇后。唐高宗看了李义府的奏章十分高兴，因为终于有朝臣出面支持废王皇后了。唐高宗立刻召见李义府，下令李义府留任中书舍人，不必降调到四川去了。不久，李义府升官，任中书侍郎。

李义府的奏章给了武昭仪一个启示，即废立皇后之事需要借助大臣的力量。武昭仪开始培养势力，提拔拥护自己的朝臣。李义府的升官便是武昭仪将手伸入政治的第一次表现。

在武昭仪的安排下，许多渴望急速升任高官的投机分子纷纷表态投靠武昭仪，其中尤其着力表现的是许敬宗、崔义玄、袁公瑜。这些人都是投机取巧、品德不良的小人。他们常被长孙无忌教训和斥责，因此希望借武昭仪的力量来反击长孙无忌，让自己登上更高的官位。这些人俨然形成拥武集团，对抗元老重臣集团。一场激烈的政治斗争即将展开。

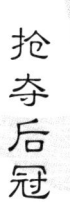

第四章

抢夺后冠

宰相韩瑗痛哭流涕,阻拦唐高宗废王皇后改立武昭仪为皇后。前朝重臣纷纷上表,极力阻挠。这与唐太宗时期诤谏之风有关系。但是李治不是唐太宗,他优柔寡断。

武昭仪争夺皇后大位的战争正式爆发是在永徽六年（655年）九月。

有一天，唐高宗宣布退朝以后，召宰相长孙无忌、司空李勣、左仆射于志宁和右仆射褚遂良到内殿来。这几个人都是唐太宗时期的元老重臣。

褚遂良听到唐高宗要召见他们，便对长孙无忌说："今天皇上召见我们几个人，多半是为了谈皇后的事。皇上的心意已定，反对皇上一定会被处死。你是皇上的亲舅舅，司空李勣是开国功臣，不可让皇上有杀亲舅舅和功臣之名。我出身农家，又没有汗马功劳，今日竟然身居高位，又受先帝嘱咐辅佐皇上，不以死力争，有什么脸去见先帝！"

褚遂良是忠心耿耿的人，为人正直，所以唐太宗在临死之前，亲自把儿子唐高宗托付给他和长孙无忌，嘱咐二人要好好辅佐新皇帝。二人遵照唐太宗的遗嘱，在唐高宗即位后，全心全力辅佐他主持政局。

唐高宗即位之初的六年间，政治清明、社会安定、经济繁荣、国势强盛。

现在唐高宗要废王皇后，改立武昭仪为皇后，褚遂良认为此

褚遂良画像

事绝对不可。他要挺身而出，以死来反对，不能辜负唐太宗死前的托付。

皇帝召见，长孙无忌、褚遂良和于志宁三个人进入内殿，李勣假装生病而不入内殿。

看到长孙无忌等三个人进来，唐高宗对长孙无忌说："皇后没生儿子，武昭仪生了儿子，现在要立武昭仪为皇后，你看如何？"

长孙无忌还没回答，褚遂良便抢先说："皇后出身名家大族，是先帝为陛下娶的。先帝临终之时，握着陛下的手对臣说：'朕佳儿佳妇，现在托付给你。'这话是陛下亲自听见的。言犹在耳，皇后没有什么过失，岂可轻废！臣不敢曲从陛下，上违先帝之命。"

于是，君臣不欢而散。

第二天，唐高宗又召长孙无忌等三人再到内殿谈废皇后的事。

褚遂良又起来反对说："陛下如果一定要换人当皇后，恳请陛下好好选择全国名门望族的女孩子，何必选武氏。武氏曾经服侍过先帝，这是众人皆知的事，陛下如何能遮蔽天下人的耳目！万代以后，会怎样批评陛下？请陛下三思而行。臣今天违反陛下的旨意，罪当死。"

说完，褚遂良就把笏放在内殿的台阶上，跪在地上磕头，将额头磕出血。

褚遂良继续说："把笏还给陛下，请陛下让臣回故乡。"

唐高宗听了大怒，立刻命宦官把褚遂良带下去。这时武昭仪正藏身在殿后面的竹帘内，把褚遂良的话听得一清二楚，高声叫起来："何不扑杀这个家伙！"

长孙无忌听到武昭仪的怒叫声，立刻对唐高宗说："遂良受先帝顾命，托付辅政，纵使有罪也不可加刑。"

于志宁在旁看到这种场景，一时吓呆了，说不出话来。

内殿的空气僵住了，唐高宗生气的表情浮现在脸上，但他尽量压制自己的情绪。

他知道，这些元老重臣是父亲临终前托付辅佐治理国家大政的人，他们的背后有父亲的影子。他面对他们时，就好像面对死去的父亲的影子，心里有一种说不出的沉重压力。他不能用硬的方法来对付他们。

其实他不是不能，而是不敢。

许多人会产生疑问：为什么褚遂良如此激烈地反对立武昭仪为皇后？为什么他不在武昭仪从感业寺二度进宫的时候就表示反对呢？为什么长孙无忌曾接待过武昭仪在家里吃饭，现在却反对她当皇后呢？其中原因牵涉中国古代家庭制度。

人们常说中国古代是一夫多妻的家庭制度，其实这是不完全正确的说法。中国古代法律的规定应该是一夫一妻多妾制，也就是说，一个男人只能拥有一个妻，但他可以拥有其他的女人作为妾，妻和妾的法律地位是完全不同的。

妻是家里的女主人。娶妻要经过一定的程序，要父母同意，要有媒人做媒，要经过提亲、送聘礼、迎亲、喜宴等过程。妻有权力管理一家之内的大小事情。丈夫不可以随便抛弃妻，如果要和妻离婚，要经过一定的程序，甚至还要到官府去备案。妻生的儿子称为嫡子，嫡子有继承父亲财产、爵位的优先权。

妾的地位不能和妻相比。在清末民初，社会上把妾称为"小太太"或"姨太太"。在古代社会里，妾不受法律保护。男人娶妾不必经过繁复的程序，只要接到家里就可以了。如果丈夫不喜欢这个妾，也不必经过任何程序，只要下令要妾离去就可以了。

唐朝时，有人把妾当礼物送给别人。妾所生的儿子称为庶子，庶子的地位不如嫡子。所以，在唐朝，妻和妾的地位相差甚远，妾是不被重视的。

在皇宫里，皇后是皇帝的妻，从贵妃、淑妃到美人、才人、宝林、御女、采女等都是皇帝的妾。皇帝有多少妾，朝臣们未必知道。皇帝纳谁为妾，也不必告诉朝臣。

昭仪是皇帝众多的妾之一，当武昭仪二次进宫时，朝臣们恐怕都不知道。武昭仪是悄悄进的宫。当朝臣们听说唐高宗宠爱武昭仪，那时木已成舟，何况纳妾本是平常的事，朝臣们也就无话可说了。

可是皇帝娶皇后则是一件隆重的大事，对象要经过仔细挑选，经过繁复的礼仪程序，这时朝臣可以发表意见。

要废皇后就等于夫妻离婚,这也是大事。皇后是国母,废掉国母是何等重大的事,这不是皇帝个人的事,所以,中国古代皇帝要选皇后或废皇后,多会征询朝臣的意见。

因此,唐高宗纳武昭仪时根本不必告知朝臣,但是废王皇后并改立武昭仪为皇后时,就要征询朝臣的意见。而朝臣对废皇后、立皇后都可以发表意见。

唐太宗在位时,极力鼓励朝臣诤谏,所谓诤谏就是当皇帝有不当的言行时,要勇敢地指正出来,以免皇帝犯错。

在唐太宗不断鼓励和提倡之下,唐太宗贞观年间诤谏成为一种风气,凡皇帝言行不当或朝廷的施政不当时,朝臣便会无所顾忌地提出指正。这种诤谏风气到唐高宗即位后仍然留存下来。

唐高宗要废王皇后并改立武昭仪为皇后的事,立刻引起朝臣的议论。另一个宰相韩瑗极力反对,跪在唐高宗面前痛哭流涕,极力诤谏。唐高宗不予理会。

韩瑗眼看口头诤谏无效,第二天,就写了奏章来诤谏。韩瑗的奏章说:老百姓娶妻还要慎重选择,何况天子呢?皇后母仪万国,影响深远。纣王娶了妲己,造成商朝覆亡。从前的历史教训不可忘记,请陛下深思,不要被后人讥笑。臣说这话是想有益于国,纵使因此被杀,也认为是该做的事。从前吴王不听伍子胥的劝告,吴国首都姑苏被敌国攻破。现在陛下如果不听臣的直言，恐怕皇宫会变成荒场，陛下的宗庙会保不住。

韩瑗的奏章很有远见，后来唐朝的皇位果然被武则天篡夺了，李氏的宗庙果然不保。

另一位宰相来济也上奏章极力诤谏，也引述历史上的例证，说明因选择皇后不当而招致王朝灭亡的危险性，并劝唐高宗详细考察历史故事，不要重蹈覆辙。

唐朝实行多相制，同时有好几个宰相。

这时，长孙无忌、褚遂良、于志宁、韩瑗、来济都是宰相，他们全都反对废王皇后改立武昭仪为皇后，反对的理由归纳起来有几点：

一是王皇后是唐高宗的父亲唐太宗选定的，而且唐太宗临终之前还嘱咐大臣们要好好照顾王皇后，如果废王皇后，那实在是对不起死去的唐太宗。

二是王皇后并无失德或过失之处，虽然武昭仪指认王皇后杀了女婴，但那只是武昭仪的片面之词，并无证据。

三是武昭仪做过唐太宗的妃子，在名分上是唐高宗的庶母（或称姨娘），如果立为皇后，则是乱伦。

四是武昭仪出身商人之家。唐朝社会非常重视家族背景，娶妻最好娶世家大族的女子。商人的社会地位不高，所以，武昭仪的家世背景不适宜做皇后。如立新皇后，也要从世家大族中去选娶。

宰相们的反对都言之有理。他们长期受到唐太宗鼓励诤谏的影响，觉得有理就要说，皇帝错了就要说，但是他们不知道，唐高宗虽是唐太宗的儿子，才能和性格却完全不及也不像唐太宗。

于是，宰相们的冒死诤谏完全得不到预期的结果。

第五章
三十二岁登上
皇后宝座

唐高宗想立武昭仪为皇后,他要在朝廷中找到支持者。大臣李勣说:『这是陛下的家务事,何必再去问外人。』

唐高宗想立武昭仪为皇后，大臣们表示反对。不过，他心意已决，要在朝廷中寻找支持者。

有一天上朝，唐高宗发现请病假多天的司空李勣来了。司空是三公之一。三公在唐朝是指太尉、司徒、司空，官阶正一品，是唐政府中最高的官阶。三公官阶虽高，却不管实际政治事务，是尊贵的象征而已。

常常是，宰相卸任以后，皇帝给他一个三公的官衔，除上朝给皇帝提意见之外，别无他事。

李勣是唐朝开国的大功臣，跟随唐高祖、唐太宗打天下，南征北讨，战功彪炳，是当时极有威望的元老重臣。唐高宗公开表示欲立武昭仪为皇后之后，李勣便请病假在家，没有参加长孙无忌、褚遂良等大臣的反对行动。他暗中观察形势，心中渐渐有了决定，于是销假上朝。

退朝后，唐高宗召李勣到内殿，问道："朕欲立武昭仪为皇后，遂良坚持以为不可。遂良是先帝托付的顾命大臣，这事情真不知怎么办。"

李勣看唐高宗满脸忧愁的样子，很沉稳地回答道："这是陛下的家务事，何必再去问外人。"

李勣的话是不合传统之道的。古代立皇后不是皇帝的家务事，而是国家大事。因为皇后是皇帝正式的妻子，地位尊贵，不但是皇宫里的女主人，而且号称"国母"，乃是一国之母。加上皇后常在皇帝身边，最容易干预政治——皇后的父亲、兄弟、侄儿称为"外戚"，他们因着皇后的关系轻易地登上政治舞台，成为朝廷的掌权者。

西汉末年，汉元帝立王政君为皇后。王皇后的亲戚在朝廷任高官要职，最后演变成王莽篡位，西汉灭亡，而王莽就是外戚。

所以，选立皇后往往会影响到国家政局，当然是国家大事，怎能说是皇帝的家务事？李勣的回答显然是不正确的。

李勣是不是不明白选立皇后是国家大事呢？他在官场时间很久，当然知道选立皇后会影响到国家政局，那么，他为什么要说选立皇后是皇帝的家务事，不要去问大臣们的意见呢？

原来这中间有一段插曲，要追溯到唐太宗的晚年。

贞观二十三年（649年）四月，唐太宗生了病。太子李治（就是后来的唐高宗）在身旁侍候。

唐太宗对李治说："我身体向来健壮，这次生病有点不祥的感觉。如果我发生不幸，你继承皇位，要特别注意李勣。李勣勇敢善战，又有谋略，是才智兼备的人。但你对他没有任何恩义，恐怕他不会诚心诚意地服从你。我现在要做一件事，就是要调降李勣去做地方官。如果他接到我的诏令后立即出发去上任，那就表示他忠心。你登上皇位

之后，可以召他回京，仍旧重用他，他会对你心怀感激，也就会向你效忠。如果他接到诏令，犹豫徘徊，不肯去上任，就表示他不满，你就立刻杀掉他，以免后患。"

贞观二十三年（649年）五月，唐太宗下诏书派李勣为叠州都督。叠州在今天的甘肃，是边远地区，这个命令是调降李勣。

李勣

李勣在办公时接到诏令，连家都不回，立刻出京到四川去。

同年六月，唐太宗病逝，太子李治即位，就是唐高宗。唐高宗按照父亲生前的指示立刻召李勣回京，复任高官。

这件事对李勣的心理影响很大。他不明白自己没有犯任何过错，为何唐太宗要调降他到荒凉的地方去。他也不明白自己没有帮唐高宗立过功，为何唐高宗要召自己回京任高官。

李勣有一种感觉，伴君如伴虎，不知道"老虎"何时温驯，何时发威，侍候在皇帝身边要时时刻刻谨慎小心，别惹"老虎"发威。

当唐高宗表明要立武昭仪为皇后时，长孙无忌、褚遂良等大臣表示反对。李勣假装生病，不去上朝，冷眼旁观，觉得唐高宗这只"小老虎"快要发威了。

同时，他又想到，自己能从那蛮荒之地回到繁荣的京师长安，仍旧做高官、享厚禄，这也是唐高宗对他施恩。

因此，在李勣的心里渐渐形成一个念头：唐高宗现在遭遇困难，自己应该帮一下；同时，帮唐高宗一下，可以免除"小老虎"对自己发威，这对自己的前途来说，也是趋吉避凶。

李勣在这种心情下，才会对唐高宗说立皇后是皇帝的家务事，何必去问外人。

李勣的回答等于支持武昭仪任皇后。这让唐高宗大喜过望。李勣是开国元勋，德高望重，一言九鼎。李勣的支持，坚定了唐高宗的决心。

在朝廷上，拥武派的许敬宗根据李勣的话，编出了一个说法："一个乡下的农夫多收十斛麦子，就会想换个老婆。何况天子要立皇后，这关别人什么事，为什么要管别人反对不反对呢！"

许敬宗把这说法传播开来，并且告诉武昭仪。武昭仪又告诉唐高宗，说这是社会上共同流传的说法。

唐高宗立武昭仪为皇后的决心更强了。

不久，唐高宗下令，将褚遂良贬官为潭州都督。潭州是今天的湖南长沙。在唐朝初年，湖南还算边远地区，这等于把褚遂良逐出京师，消除了反武的一块大石头。

永徽六年（655年）十月，唐高宗下诏废王皇后和萧淑妃为庶人。庶人就是没有任何官职、爵位的老百姓。而罪名是"谋行鸩毒"，所谓"谋行鸩毒"就是阴谋毒害别人。这四个字的罪名太笼统，如何阴谋毒害，要害的对象又是谁，都没有详细说明。这是随意扣上的一个罪名。

皇帝的诏书，不容申辩，不需要经过调查，更不必经过审问，罪名就确定了。皇帝的话就是最后的判决。

十一月，唐高宗宣布立武昭仪为皇后。文武百官到皇宫的肃义门朝拜。盛装打扮的武后眼看数以百计的文武官员一起向自己下拜，想到自己从两次进宫之初的彷徨，到今天的荣耀尊贵，经历过许多艰难和勾心斗角，现在总算获得圆满的成果，不自觉露出得意的微笑。

被废的王皇后和萧淑妃被囚禁在皇宫后方的一个小房子里。

有一天，唐高宗想起了王皇后和萧淑妃，便走到那小房子去。只见这间房子门和窗都被封死，只在墙上挖了一个小洞，宫人每天把装食物的盒子从小洞里送进去。

唐高宗看了这种情景，于心不忍，就高声对着房子叫唤："皇后、淑妃，你们在哪里？"

王皇后在房里哭着回答道："我得罪成了皇宫里的婢女，怎么还有皇后的尊称啊！"

接着王皇后又哭着说："皇上如果还顾念从前的恩情，

让我们离开这黑暗的牢房，重见天日，请把这房子改名叫回心院吧！"

唐高宗听到王皇后的哭诉，非常同情，就对着小洞口说："我马上去处理。"

这件事立刻传到武后耳里。武后大怒，派人各打王皇后和萧淑妃一百大板，并且砍断两人的手脚，把她们投到一个大酒缸中。

武后说："让这两个老太婆醉死。"

王皇后和萧淑妃在这酷刑之下死了。武后还不甘心，命人把她们的头砍下，以消怒气。

武后派人到牢房，要砍王皇后和萧淑妃手脚的时候，王皇后和萧淑妃自知死期已到。

王皇后跪在地上磕头说："愿皇上万岁，武昭仪得蒙恩宠，我自当领死。"一副愚忠、顺从、不反抗的姿态。

萧淑妃则破口大骂："阿武是妖精，害我到这地步。我发誓来生要变猫，阿武要变老鼠，生生扼住她的喉咙。"

萧淑妃死前的诅咒传到武后的耳里，于是皇宫里不许养猫。

不久，武后下令改王皇后家族的姓为蟒，是蟒蛇的意思；改萧淑妃家族的姓为枭，枭就是猫头鹰。

这种用不好听的字眼来改换仇人的姓氏的手段，武后后来常用。

传说，王皇后和萧淑妃死后，武后在宫里几次看到她两人的鬼魂，披头散发，满身是血，极为可怕。武后被吓得心惊胆战，便新盖了一座蓬莱宫，从原居住的大明宫搬到蓬莱宫。但武后在蓬莱宫又见到鬼魂，于是她和唐高宗便带着文武大臣离开长安迁到洛阳。

后来唐高宗和武后都在洛阳去世。

第六章 铲除前朝辅政大臣

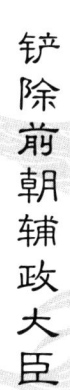

唐高宗将武昭仪推上皇后宝座。武后助唐高宗铲除长孙无忌等前朝辅政大臣。

武昭仪戴上皇后的冠冕后，立刻要进行的下一步棋便是把自己生的儿子抱上太子的宝座。当时的太子李忠是后宫宫女刘氏所生，王皇后没生孩子，便怂恿唐高宗立李忠为太子。

现在，王皇后被废，武皇后新立，武皇后又生了儿子，她自然要把自己的儿子推上太子宝座，因为太子是皇位的继承人。

拥武派的大将许敬宗知道武后的心意后，便对唐高宗说："现在的东宫（指皇太子李忠）出身低微。他看到皇后已有儿子，那是陛下的嫡子，心里一定会感觉到不安。这种不安不是国家之福，请陛下早点作安排。"

许敬宗的话无疑是在建议唐高宗换太子，唐高宗回答说："太子的心情我很了解，我会处理这事的。"

第二年，就是显庆元年（656年）的正月，唐高宗下诏改封太子李忠为梁王，立武后的儿子代王李弘为皇太子。

武后又获得一次胜利。

这里要谈一个问题，在这场

许敬宗画像

宫廷斗争中，武后大获全胜，她的胜利当然要归功于皇帝的全力支持。

唐高宗何以会放弃原先宠爱的萧淑妃，转而去宠爱武后呢？难道是武后美貌过人吗？当时还没有照相机，没有武后的照片，今天在四川广元的皇泽寺有武则天塑像，但那塑像和一般佛教寺庙中的塑像一样，看不出美丑。在史书中也没有武后美艳动人的记载，唐朝诗人也没有歌颂过武后貌美如仙。

不过，武后的相貌一定是清秀而有气质的，否则唐高宗做太子时进宫看到武才人，就不会被吸引住。武后必然有一种在皇宫女人身上看不到的特殊气质，才会让唐高宗念念不忘。

实际上，武后比唐高宗大三岁，被立为皇后时年龄已经三十二岁，唐高宗只有二十九岁，这相当于姐弟恋。

究竟是什么原因唐高宗会爱上一个年龄比自己大的女人？相信大概不会是看上那女人青春貌美的外表，而是那女人的内涵。

武后是一个学识与才干兼备的女人。她长于文学，通晓经史。在清朝康熙年间编成的《全唐诗》中就收录了武后所作的诗四十六篇，可见她是很有文才的。

武后的个性刚毅果断，善于处理事务，又会随机应变，善于迎合。《新唐书·武后传》说她城府很深，她对付王皇后由巴结讨好转为斗争杀戮，态度和手段随情势而转变，残忍而狠毒,却没有让唐高宗察觉她的残忍和狠毒。

《旧唐书》称唐高宗"宽仁孝友",其实,唐高宗的性格偏懦弱,遇事优柔寡断,缺乏勇气,缺少安全感。武后在他身边,温柔体贴,生活的一切都为他设想周到、安排妥当。

唐高宗觉得皇宫里到处冷冰冰的,只有到武昭仪的宫里才有温暖、安全的感觉。唐高宗还没有成年时,他的母亲就去世了,那种母爱的温暖一直留在他的记忆里,只能在梦里寻觅。可是,武昭仪对他的照顾,让他仿佛在真实世界里又找回母爱的温暖。

此外,武昭仪处理政治事务的明快正确,也让唐高宗深感佩服。唐高宗优柔寡断,遇到国家大事常会犹豫不决。

有一次,唐高宗把一件事告诉武昭仪,问她怎么做决定。武昭仪听他把事情的内容说完以后,便对这件事提出她的分析和看法,并且建议他如何做决定。唐高宗依照她的建议,在公文上做批示,这件事处理得非常完美。

从此以后,唐高宗遇到朝廷有重大事情要决定之前,都要和武昭仪商量,让她出主意,自己照她的意见批示。朝臣们都称赞唐高宗的裁示高明。唐高宗原本对自己的优柔寡断受到朝臣轻视而感到难过,现在为受到朝臣的尊重和肯定而感到高兴。

唐高宗知道这种改变是武昭仪指点的结果。于是,他不但生活上想靠近武昭仪,而且在处理政务上也想依赖武昭仪。渐渐地，武昭仪成为唐高宗的支柱，成为他心中不可离开的人。

除生活上和处理国家政务上唐高宗要依赖武昭仪之外，还有一件事是他要武昭仪帮忙的，那就是处理朝廷上那些元老重臣的问题。

唐高宗即位时二十三岁，已经成年了，但他的父亲唐太宗知道这个儿子个性软弱，恐怕挑不起治理国家的重担，所以在临终之前，嘱咐几个平日信任的大臣如长孙无忌、褚遂良、韩瑗等，辅佐新皇帝来处理国家政务。

这种老皇帝在临终前找几个大臣来交代遗嘱，命这几个大臣辅佐将要继承皇位的新皇帝的方式，古代早有前例，最著名的是：周武王临死，托周公旦来辅助儿子成王；汉武帝临终请霍光等五位大臣来辅佐昭帝；蜀昭烈帝刘备临终前托孤诸葛亮，请他辅政。那些受托付的顾命大臣在新皇帝即位后，几乎都忠心耿耿，小心谨慎，事事都要过问，唯恐有负先帝所托。

可是这些顾命大臣管的事太多，难免让新皇帝觉得国家大政都是这些老臣在做决定，自己只能照他们的意见行事，好像是一个傀儡。新皇帝想夺回决定权，难免就会和老臣发生冲突。新皇帝心里想把老臣赶走，换一批顺从自己意旨的臣子。所谓"一朝天子一朝臣"，就是新皇帝要把老臣除掉，换上一批新的臣子，就可以施行自己的旨意。

唐高宗即位后，那些受唐太宗嘱托的辅政大臣以国家为己任，事事关心，事事有意见，要唐高宗照他们的意见颁发诏令。

这使唐高宗即位之初，国势鼎盛，景况和唐太宗贞观年间一样。但唐高宗面对这些伯伯、叔叔辈的顾命大臣，心里总觉得压力沉重，像个小孩子，生怕做错事受责备。

所以，唐高宗很希望这些顾命大臣赶快离开朝廷。但是，唐高宗胆小怯懦，怎么敢真的命令他们离开朝廷呢？现在，武昭仪在身边，她足智多谋，又有胆识魄力，可以为他设计除去那些讨厌的老臣。于是，唐高宗把武昭仪看成同一战线的战友。战友要紧密联结，合力同心，才能赢得胜利，唐高宗怎能不力挺武昭仪？

坚持将武昭仪推上皇后的宝座正是唐高宗和顾命大臣战争的开始。

武昭仪登上皇后宝座不久，拥武派的许敬宗、李义府等人就上奏章给唐高宗，诬告宰相韩瑗、来济和褚遂良图谋不轨。

这时褚遂良由潭州都督改任桂州都督，潭州在湖南，桂州在广西，越调越远，到了边疆地区。许敬宗等人诬告褚遂良在边疆地区培植势力，准备和在京师的韩瑗、来济等人谋反，里应外合，推翻朝廷。

对这个诬告，唐高宗并不查证，立刻下诏将韩瑗贬为振州刺史，振州在今海南三亚，当时算是边远地区；将来济贬为台州刺史，台州在浙江，当时算是落后地区，而且附带一个条件，即韩瑗和来济终身不得到京师来朝见皇帝。这无异于说明韩瑗和来济两人永远不能翻身，可见唐高宗对他俩有多么痛恨。

至于对付褚遂良，当然要再用重拳打击。唐高宗下诏把褚遂良贬为爱州刺史。爱州在越南北部，当时是蛮荒之地，经济落后。褚遂良到了爱州，年老力衰，实在不适宜这种环境，于是上奏章给唐高宗。在奏章里诉说唐太宗时他和长孙无忌力主立唐高宗为太子的往事，希望唐高宗能念及旧日的恩情，怜悯他，把他改派到环境较好的地方。

褚遂良希望用温情来打动唐高宗，可是唐高宗完全不为所动，对奏章不予理会。

过了一年，褚遂良就在偏远的爱州病死了。长孙无忌也被诬指谋反。

许敬宗奉武后之命，在显庆四年（659年）诬告长孙无忌谋反。长孙无忌是唐朝开国功臣，做了三十几年宰相，是唐太宗最信任的人，又是唐高宗的亲舅舅。唐高宗能被立为太子，第一个支持的人就是长孙无忌。唐高宗当上太子后，宫廷斗争激烈，这让他十分害怕，但母亲长孙皇后已经去世，是舅舅长孙无忌极力保护，才使他度过风险，长孙无忌怎么会谋反？

所以当许敬宗捏造人证诬告时，唐高宗很犹豫，不想处理。许敬宗鼓起如簧之舌，劝唐高宗要断然处置。他竟然不亲自问一问，就又接受许敬宗的诬告，下诏削去长孙无忌的官爵,将其流放到黔州,派兵押解。

过了几个月,许敬宗暗派同党袁公瑜到黔州,逼长孙无忌自杀。长孙无忌临死前,一定十分伤心,自己尽力扶持的人竟是要了自己命的人,自己一生忠于唐朝,最后的罪名竟是叛国。

古代的政治斗争真是不论是非黑白,真是没有公理正义啊!

长孙无忌的冤案牵连长孙家族和褚遂良家族、韩瑗家族、于志宁家族等数十人,他们或被处死,或被流放到僻远的边疆。

唐太宗遗命的辅政大臣至此完全被消除。

第七章 重用进士科人才

武后重视科举取士。从武后开始,一直到清朝末年,政府重要官职几乎都由进士科出身的人担任。

武则天当上皇后之后，便直接干政，其原因除唐高宗的宠爱放纵之外，还有唐高宗的性格和健康问题。唐高宗懦弱胆小，他觉得武后是保护他的人。此外，唐高宗患有风眩之症，常常不能亲自处理政事，而武后精力充沛，又有处理政治事务的才能，因此得到他的信任。

于是唐高宗便把国家政务都交给武后，武后便公开掌握了政治大权。

在争夺皇后宝座的过程中，武后发现反对她的人都是关陇集团的元老重臣。

所谓关陇集团是祖籍陕西关中、甘肃陇山一带的世家大族。他们在北周和隋朝都位居高官，官爵世代相传，又是唐朝开国的重要功臣。这些人势力浩大，控制了朝廷，其首领便是长孙无忌家族。

武后觉得要打倒属于关陇集团的辅政大臣们，必须在外朝找一批帮手。于是找到了许敬宗、李义府。

当时朝廷中有一批非关陇集团的中级官员发现武昭仪是政治舞台上最有潜力的人物，看到许敬宗、李义府上奏章支持武昭仪就马上升官，认为这是个极好的出头机会。于是，他们上书攻击王皇后，全力支持武昭仪，形成一个拥武的新兴官僚集团。许敬宗、李义府、崔义玄是新兴官僚集团的代表人物。

许敬宗是杭州新城人，永徽初年任卫尉卿。

李义府是瀛州饶阳人，永徽六年（655年）任中书舍人。

崔义玄是贝州武城人，永徽六年任御史大夫。他们都不是出身关陇集团的，而且在政治上尚未达到高峰。

废王皇后、立武皇后是一次政治斗争，新兴官僚分子遂利用这一机会，希望达到跃升掌权的目的。

许敬宗和李义府是拥武行动中出力最多的两个人。

诬陷长孙无忌和元老重臣们，编造罪名，加以杀害，几乎都是许敬宗的"杰作"。

李义府也是全力讨好武后，不惜倾倒黑白来指控反武的元老重臣。这两人具有文才，但品德不佳，为了升官，不择手段做坏事。

以李义府为例，他外表老实，待人恭顺，说话时总是满脸笑容，但为人狡猾阴险，常在暗中伤人。当时人发现他表面柔和，害起人来却手段毒辣，真是笑里藏刀，就给他取了一个外号——李猫，意思是说李义府看起来像猫一般柔顺，但他伸出利爪来会把人抓得鲜血淋淋。洛州有个美貌妇人淳于氏，因为犯罪，被收押在司法机关大理寺的监狱中。

李义府垂涎淳于氏的美色，命令大理寺丞毕正义在审判时为淳于氏脱罪释放，然后纳淳于氏为妾。这件事被大理寺的长官大理寺卿段宝玄知道了，认为毕正义审判不公，违法失职，上书唐高宗。唐高宗下命收押毕正义，派给事中刘仁轨审理此案。李义府怕真相泄露，强迫在牢房里的毕正义自杀。

唐高宗耳闻此案的幕后主导是李义府，但不愿追究下去。侍御史王义方挺身而出，揭露了毕正义自杀的真相，并且弹劾李义府。可是唐高宗明显地袒护李义府，反而指责王义方毁谤大臣，将他贬为莱州司户。

李义府官至宰相，倚仗权势，出卖官爵，贪污受贿，他仗着唐高宗和武后的宠爱，只要有利可图，违法的坏事都干，臭名满京城。消息传到了唐高宗的耳朵里，有一天，唐高宗单独召见李义府，问李义府："听说你的儿子、女婿行为很不检点，做了不少非法的事，朕一直替你掩饰，你也该管束一下他们了。"

唐高宗的话明显是在提醒李义府要反省自己的作为，不料他的反应是怒容满面，反问唐高宗说："这是谁告诉陛下的？"

唐高宗有些错愕，缓缓地说："朕只是告诉你一声而已，你又何必问是谁告诉朕的。"

李义府似乎没有自我反省的意思，表现不悦地退出去。唐高宗看在眼里，觉得李义府太过于恃宠自傲，是不是该教训一下他了。

当时，有一个人名叫杜文纪，擅长星象卜卦，又会看气势。

杜文纪告诉李义府，李府的房屋上有牢狱之气，建议他在住宅内放二十万贯铜钱来压制牢狱之气，并且要念符咒来驱除邪气。李义府接受了杜文纪的建议，开始搜刮铜钱。

正好这时李义府的母亲去世，他便借机大量收礼。李义府为母亲在城外建造宏伟的墓园，经常和杜文纪到墓园察看风水。

古人相信祖先的坟墓风水会影响后代子孙的气运，一个人能成为开国创业的皇帝，都是因为他的祖先坟墓在龙穴上。这本是无稽之谈，但中国古人却深信不疑。

李义府如此看重母亲坟墓的风水，莫不是找到了龙穴？这成了长安城内文武百官和老百姓的话题，人们议论纷纷。

有人把李义府搜刮铜钱和察看风水的事向唐高宗报告，还添油加酱说李义府怀有异谋。

李义府已经位居宰相，那么他更大的野心是什么？这让唐高宗不得不想一想。

这时，有人向唐高宗告发，说李义府的儿子李津召见长孙无忌的孙子长孙延，接受长孙延送的七百贯钱贿赂，任命他为司津监。

龙朔三年（663年）四月，李义府被捕下狱，唐高宗命中央三个司法机关——刑部、御史台和大理寺共同会审。

唐高宗知道李义府官居宰相，势力庞大，恐怕派一个官员来处理此案会遭李义府威吓而办不下去，所以派三个司法机关的首长来会审,以抵挡李义府的压力,获得真相。

果然,在三个司法机关首长会审之下,查明李义府和儿子李津收受贿赂确是事实,并且还查明李义府父子许多违法和害人的事情。

三法司将审查李义府的结果报告唐高宗。唐高宗下诏将李义府革职,流放到四川的巂州(今四川西昌)。李津也被革职,流放到广东的振州。李义府其他的儿子和女婿们一律被削去官职,流放到新疆的庭州。

一夕之间,李义府的势力全部瓦解。许多政府官员和老百姓都额手称庆。李义府家中许多奴仆都是被李义府连骗带押而来的。这些奴仆从此获得自由。这件案子是唐高宗下诏书办的,当然武后也是主要的决策者。

唐高宗和武后能拿当初拥护武后最卖力的"走狗"开刀,可见他们都是神智很清醒、很理性的人。

乾封元年(666年),唐高宗和武后在泰山举行封禅大典,大赦天下,但流放在边远地区的罪人不在赦免范围之内,因此李义府未能得到大赦的恩典。

李义府听到自己未被赦免,知道翻身已没有希望了,便忧愁至生病,死在四川。

武后登上皇后宝座,执掌政权,排斥以世族门第为重的元老大臣。想到朝廷的官员要补充新血,于是开始重视科举人才。

所谓科举,乃是分科举才的意思。所以科举分为许多类科，其中较著名的类科有秀才科、明经科、进士科、明法科、童子科、武举科等（见表2）。

不过，在众多类科中，以进士一科独盛。士人以登进士科为荣，其他类科纵使入榜，也不被人视为荣耀，而且政治前途也不被看好。

表2 唐代科举类科表

科目	备注
常科	为常设科目，包括明经科、进士科、明法科、明字科、明算科、秀才科（主要六项）。
制科	由皇帝下诏举行，考试科目与时间均不固定。
武举	武则天首创，科目主要有马射、步射、平射、马枪等。

注：本表为编者制，资料来源《旧唐书》《新唐书》等。

进士科创设于隋炀帝时，但当时没受到重视。

唐太宗曾经有意用进士科考试作为笼络天下英雄的手段，可是当时朝廷的官职早就被开国功臣和他们的亲戚占据。到唐高宗即位之初，这种现象仍旧存在。武后掌权以后，把一大批元老大臣和他们的亲戚赶出朝廷，想提拔进士科的人才来填补官职。从此士人更热衷于考进士，进士成为唐代朝廷任官的主干。于是进士及第者在政治舞台上比其他类科及第者升迁更快、更高。

中国古代士人读书本为从政做官，进士及第便能在政治上飞黄腾达，唐人怎能不趋之若鹜呢？

所以唐朝社会称刚考上进士或有希望考上进士者为"白衣公卿"或"一品白衫"。白衣、白衫指尚未有官职的人,公卿、一品是最高的官位。这表示社会上认为中了进士就会升到朝廷的最高官位。

从武后开始,一直到清朝末年,一千多年间,唐、宋、元、明、清,朝廷重要官职几乎都由进士科出身的人担任。如果一个人官居要职却不是进士科出身,会被认为是一大憾事。

第八章

二圣临朝

唐高宗上朝，武后必坐在他的身后，垂下丝帘，听文武百官奏事。许多重要的大事，武后都会开口代皇帝做裁决。

唐高宗有头晕、头痛的毛病，病发的时候当然没有心情处理国家政务。可是中国古代是君主专制的政治制度，政府重大的事情都要皇帝裁决，所以唐高宗想不理会那些政务也不行。

幸好有能干的武后可以代他处理政务，他也信任武后能把政务处理好。

武后掌握政权之后，对权力狂热的本性逐渐显露出来，处处表现出她才是最高的权力者，作威作福。有时唐高宗想做什么事，都会被武后阻止。这让唐高宗十分生气，觉得武后太过分了。

麟德元年（664年），武后召道士郭行真入宫做巫术祷告。这事从来都是皇宫中的禁忌。

宦官王伏胜向唐高宗告发武后做了这违反皇宫禁忌的事。唐高宗大怒，便召了宰相上官仪进宫。君臣二人讨论如何处理这事。上官仪暗中观察，发

《旧唐书》对上官仪的记载

觉唐高宗言辞之间流露出对武后的不满，便对他说："皇后专权，任意而为，文武官员和百姓都感到失望，请陛下降旨，废武皇后。"

唐高宗正在气头上，就同意了上官仪的说法，当场命令上官仪起草废武后的诏书。

武后早就安排了宦官和宫女在唐高宗身边做她的眼线。废皇后是何等重要的事，这时，做眼线的宦官赶快飞奔去向武后告密。

武后得知这消息，立刻到御书房来见唐高宗。

恰巧上官仪刚走，武后声色俱厉地质问唐高宗，为什么要废皇后。唐高宗从来没有见过武后这么凶的表情，吓得瞠目结舌，说不出话来。

武后看见书桌上有一份文件，拿起来一看，就是废武后诏书的草稿。这下证据确凿，武后直指着唐高宗，又哭又叫。唐高宗退缩到墙角，满脸惊恐。

过了好一会儿，等武后发完了脾气，唐高宗才畏畏缩缩地走到她面前，向她赔罪，保证不会下诏废皇后，请她息怒。

武后用刚烈的方法把废皇后的事阻挡下来。

这天晚上，武后改用温柔的手段来安抚唐高宗。武后吩咐摆下丰盛的酒宴，和唐高宗共享。

武后知道她虽然可以对文武百官发号施令，但她的权力仍是皇帝给她的，如果皇帝要收回权力，甚至坚持要废皇后，她是无法对抗的，所以，用温柔的手段来安抚皇帝是有必要的。

美酒佳肴总是让人愉快的，渐渐地，唐高宗忘记了刚才的惊恐，又感到武后是那么温柔体贴，给他很大的安全感。就好像一个犯了大错的孩子白天被母亲责骂而受惊吓，到了晚上，母亲又搂着孩子轻轻地抚爱着，这会让孩子紧抱着母亲痛哭。

唐高宗的心情就像那孩子，他感到自己是多么需要武后，不能失去她。

武后为唐高宗夹了几样他最爱吃的菜，轻声地对他说："皇上，我们的感情不是很好吗？我们那么恩爱，我每天为你分忧解劳，你为什么要废掉我呢？"

听到武后又提起白天的事，唐高宗赶紧说："这不是我的主意，是上官仪教我做的。"

"哦！上官仪。"武后端起酒杯，送到唐高宗嘴边说："皇上，上官仪原是废太子李忠的部属。李忠被废，上官仪当然恨我，所以他要找机会为李忠报仇。皇上，你要防范那些小人离间我们夫妻。"

唐高宗接过酒杯，一饮而尽，点头回答道："皇后说的是。朕以后会小心，朕最相信的人就是你。"

过了几天，武后授意许敬宗诬告上官仪、宦官王伏胜暗中和废太子李忠阴谋造反。于是，上官仪父子和王伏胜都被处死，废太子李忠被赐自杀，上官仪的家属都被收押为官奴。

这件事以后，唐高宗上朝，武后必坐在他的身后，垂下丝帘，听文武百官奏事。许多重要的大事，武后都会开口代皇帝做裁决。

于是，文武百官知道一切升官降级的荣辱大权、生与死的决定大权都操在武后手里，唐高宗只是一个虚有其表的皇帝而已。

不久，群臣称唐高宗和武后为"二圣"。"二圣"是两个圣人的意思。唐朝人把皇帝称为"圣人"，"二圣"就是两个皇帝，这种称呼是中国历史上从来没有的。

中国古代没有男女平等的观念，"男尊女卑"是社会普遍接受的。所以，丈夫的地位必然高于妻子，当然皇后的地位一定低于皇帝。现在，"二圣"的称呼是把皇后的地位抬到和皇帝一样高，这是史无前例的事。

可见武后的威望是极为崇高的。

乾封元年（666年），唐高宗到山东泰山去封禅。所谓泰山封禅是到泰山山顶去祭祀天地，向天地报告皇帝的政绩，请求天地赐福。

因为古代交通不便，泰山离京城又远，皇帝率领成千上万文武百官，行动困难，所以古代皇帝到泰山封禅者很少，在唐高宗以前，只有秦始皇、汉武帝、汉光武帝三位。

唐高宗前往泰山封禅的出发地点是河南洛阳。随行的队伍绵延数百里，除文武百官、护驾卫队外，各国的酋长、首领也带领他们的族人和牛、羊、骆驼等一起参加。

由于唐朝时还没有大型旅馆，所以随行的人夜晚都搭帐篷住宿。于是，从河南洛阳到山东泰山，一路上满山遍野都是各式各样的帐篷，真是奇观。

依照惯例，到泰山山顶祭祀天地都只有男性参加。然而武后坚持要参加，不但自己要参加，而且要率领后宫的妃子、宫女、公主等女性一同参加。

到了泰山封禅，向天地行礼，第一个献上供品的是唐高宗，第二个献供品的就是武后。站在祭坛两旁除了宦官、卫队、宰相大臣之外，还有许多妃嫔和宫女。

这种祭天地的礼仪是前所未有的。女性竟然能置身于这数百年难得一见的最尊贵、最隆重的大典中，让当时的人都觉得不可思议，难道时代变了？

封禅仪式完毕，皇帝宣布大赦。文武百官加薪晋级，皆大欢喜。

唐高宗从泰山回程，经过山东曲阜，封孔子为"太师"。又经过河南亳州，到老君庙。老君庙供奉老子。老子是周朝人，姓李名耳。唐高宗认为老子是李家的祖先，便封老子为"太上玄元皇帝"。

上元元年（674年）八月，唐高宗下诏将皇帝称为天皇，皇后称为天后。天皇、天后的称号大约只用了十年。唐高宗死了以后，后代的君主仍用皇帝、皇后的称号。

唐高宗的头晕、头痛的毛病越来越严重，有意让天后摄政而后传位给天后。

宰相郝处俊反对说："《礼记》里记载：'天子理阳道，后治阴德。'所以，皇帝和皇后就像太阳和月亮，各有分寸。皇帝治理外，皇后治理内，这是天所定的道理。陛下现在想要违反天道，臣恐怕上会遭到天的责罚，下会让百姓觉得奇怪。从前魏文帝曹丕曾下诏令，死后不许皇后临朝，现在陛下何以在健在之时就要传位给天后呢？何况天下者，是高祖、太宗建立之天下，不是陛下建立的天下。陛下应该为高祖、太宗守住天下，传之子孙，实在不可以把高祖、太宗辛辛苦苦打下来的天下送给别人。请陛下仔细考虑。"

唐高宗听了郝处俊的话觉得有道理，就点头表示道："你说得对，朕打消了这个主意。"

其实，摄政的例子在唐朝以前常常出现，尤其当皇帝年纪很小，不能处理政治事务的时候，常会由别人来摄政，就是代小皇帝处理政治事务。

像周朝初年，周武王死后，儿子周成王即位，由于成王年纪小，就由成王的叔叔周公旦摄政，替成王主持朝政；又如西汉末年，汉平帝死，无子，王莽在宗室中选立广戚侯子刘婴为皇帝，刘婴年仅两岁，王莽遂摄政，代小皇帝主持朝政。

事实上，武昭仪坐上皇后宝座之后就开始掌握朝政决策大权，虽无摄政之名，却有摄政之实，群臣并没有反对。

郝处俊不是反对武后摄政，而是反对唐高宗要把皇位传给武后。

中国从夏商周以后，有父死子继、兄终弟及等传位的方式，可是从来没有夫未死而传妻的例子。所以唐高宗自己想想，也觉得不妥，于是武后当女皇帝的梦就要延后实现了。

第九章 武则天的「影子内阁」

武则天安排北门学士修撰《臣轨》等典籍,以加强对人民的思想教育,要人民建立服从和忠君的观念。

武后执掌政治大权以后，为了表示她不是一个无知无识的女流之辈，便向唐高宗上了一道奏章，提出她治理国家的十二项意见。这是天后第一次系统地提出的政见，史称"建言十二事"。这十二项政见是：

一、发展农业，减轻赋税和徭役；

二、京师附近的百姓免除租税和徭役；

三、停止对外用兵，以道德教化人民；

四、全国不论地区，不论宫内宫外，一律禁止浮华淫巧；

五、避免大兴土木，节省政府支出和劳力；

六、广开言路；

七、杜绝谗言；

八、王公以下都要研习老子《道德经》；

九、父亲健在而母亲死亡，儿子要为母亲守孝三年；

十、上元元年以前，有功劳的人如果朝廷已发给委任状的，无须再进行考核；

十一、中央官员八品以上者增加俸禄；

十二、文武百官中有任职时间已久、才能高而职位低者，可以越级晋升。

客观地说，武后的十二项建言确是治国的良策。一部分是发扬儒家治国精神，例如重视农业、以道德教化人民、反对奢侈、节省民力等；一部分是延续唐太宗贞观时期的政策，例如广开言路、杜绝谗言等；一部分是全新的政策，例如提倡读老子的《道德经》、为母亲守丧三年、为政府官员谋福利等。从这十二项建言可以看出来，武则天实在是一个有政治眼光和治国手段的女人。中国古代的女子受到教育水平以及生活环境的局限，几乎没有任何一个女子（包括汉高祖的吕后和清末的慈禧太后）能像武则天一样提出一套治国政策。武则天实在是中国古代极难见到的具有政治才能的女子。

武后的十二项建言得到唐高宗的同意。唐高宗下诏书命令立刻实行。因这十二项措施得到好处的是文武百官和全国百姓，于是人人称赞武后圣明，她的声望大大提升。

十二项建言提出后三个月，武后又向唐高宗提出一个建议，请求加强修撰历史的工作。武后以唐太宗贞观年间的事为例，唐太宗曾命令有史学才能的人编撰了魏晋南北朝和隋朝的历史，现在仍旧应该重视历史。唐高宗对修撰史书毫无兴趣，他也不知道该做什么事，于是把修撰史书的事全部交给武后，他完全不管。

唐高宗的决定正中武后下怀。她开始物色有文才的人。不久，武后就选定了几个有文学造诣的人：元万顷、刘祎之、范履冰、苗神客、周思茂、胡楚宾。这几个人虽有文才，官位却都不高，最高的才五品官，全是中级官员。

武后邀请这几位才学之士进宫，亲自接见，并且在宫里设宴款待他们。这让这几位才学之士受宠若惊。他们官卑职小,能见到手握朝政大权的武后已是不容易的事,现在竟然能在皇宫里和武后一起用餐,这恐怕连宰相都很少有机会。他们竟有这份荣宠,内心的喜悦和激动,不言可知。酒席之中,武后谈笑风生,消除了君臣之间的严肃气氛。用完餐后,武后又赐给他们金钱和文房四宝。他们受到武后如此宠爱,个个跪在地上叩首,表示愿意为天后竭尽心力。

武后为这几个人在皇宫内靠近北门附近设置一个书房,要他们每天到书房来工作,任务是修撰典籍。武后常常会到书房来看他们,和他们讨论撰写典籍的事。

皇宫的面积广阔。正门在南方,平日朝臣们上朝都是走南边的正门进入皇宫,朝见皇帝。在南边正门之外有许多房子,是中央政府官署的办公场所。皇宫的北门是皇宫的后门。北门是皇帝、皇后、妃嫔、王子、公主和皇室亲戚们进出的通道,所以这北门比南边的正门更重要。北门驻有重兵,是皇宫禁卫军司令部的所在地。北门内外,戒备森严,一般人是不准接近的,宰相大臣除非特许,也不能进出北门。可是,现在武后特准这几个才学之士每天经由北门进出皇宫内的书房。这真是特殊的礼遇,令满朝文武官员羡慕不已。大家称这几个人为"北门学士"。北门学士不是官名,而是一种被人羡慕的特殊身份。

北门学士为了不辜负武后对他们的厚爱,尽心尽力在书房撰写书稿。他们完成了几部书:《百僚新诫》是官员们的任官守则,《列女传》和《古今内范》讲妇女的生活规范和修养,《乐书》讲音乐和庆典礼仪,《孝子传》是收集历代孝子故事的书,《臣轨》是讲臣子应该遵守的行为。这些书,除《臣轨》一书以外,都已遗失,十分可惜。《臣轨》是一部很薄的书,全书只有上下两卷,总共才四千多字。这书是以儒家传统道德观念为基础,论述为臣者的正心、诚意、忠君、爱国之道。这本书似乎是当时士人必读之书。

从武后重视编撰书籍这件事来看,她是一位有思想的政治人物。她了解在专制体制之下要巩固统治权力,要先对被统治者进行思想教育,透过思想教育建立被统治者的观念。而一个人的行为又受观念的影响,观念中以为"是"的,虽死也要去做;观念中以为"非"的,虽有金银财宝诱惑也不肯去做。譬如从宋代以后,"守节"的观念深入人心,一个女人的丈夫死后不能再改嫁。这种"守节"的观念普遍被社会认为"是",连妇女本身也认为"是",于是许多寡妇宁愿死也不再嫁,贞节烈女的事例随处可见。从《臣轨》这本书可以看出来,武后就是要加强对臣民的思想教育,要臣民建立服从和忠君的观念。这种加强思想教育的工作,除少数朝代的创业皇帝之外,大多数的男性皇帝都未曾想过。可见武后是一个有见识、有眼光的政治领袖,她的成功绝非偶然。

武后对北门学士十分关心,经常去书房看他们撰写新书。有一天,武后把北门学士召到自己所居住的宫内。皇后的居所是隐秘的,外朝臣子根本不可能进入。北门学士被召到这神秘的地方,内心七上八下,不知道她葫芦里装的什么药。

武后拿出了几份文件给大家看。北门学士一看大吃一惊,这些都是极机密的文件,只有宰相和皇上才能看的。他们不知道武后是什么意思。

武后挥挥手,要大家坐下,慢慢地说:"这地方很隐秘,你们不要害怕。我和你们相处了不少日子,知道你们是很有学问的人,而且忠心耿耿,值得信任。从现在开始,我要请你们做我的参谋。在做许多重要的决策之前,必须要了解外面的环境,再对事情作深入分析。我生活在皇宫中,不能随便外出,对外面的情形有时不太清楚。以后,我要做决策之前,会请你们告诉我外面的情况和反应。你们都是有学问的人,我也会听你们对事情的分析。我这样做,是希望我对国家大事的决定不要犯下错误。"

接着,武后下令,今后宰相和皇帝讨论国家大政时,北门学士可以和宰相一同晋见皇帝。北门学士都是中级官员,竟然有这种特别礼遇,不得不让宰相和文武百官另眼相看。虽然北门学士没有决策权,但他们具有对决策的影响力,那是毋庸置疑的。

这些北门学士似乎成为当时的"影子内阁"。这种情形在古代中国是很少见到的。可见,武后的政治才能绝不输于男性皇帝。

第十章
设计害死外甥女和哥哥

武则天下毒毒死了自己姐姐的女儿,接着嫁祸给自己的两位哥哥,又亲自下令处死自己的哥哥们,报了私仇。

依照中国古代的政治习惯，皇后娘家的人称为外戚，外戚们都会因为皇后的关系在政治上得到一些利益。武则天当上皇后以后，当然也不能不提拔一下自己家的人。

武则天除自己的母亲和姐姐外，还有两个同父异母的哥哥武元庆和武元爽，两个堂兄武惟良和武怀运。武则天对这两个哥哥和两个堂兄都没有好感，因为这两个哥哥的年龄和母亲差不多，而且一直都欺侮她们母女，使武则天从小心理就受到创伤，早有报仇之火埋在心里。

可是，现在她当了皇后却不敢向哥哥们报仇，因为她怕别人批评她无情。不管她心里如何恨，表面上总要维持兄妹之情的假象。

武元庆等人原本受到父亲的荫庇，也在政府担任低级官员。武后把他们拔擢到中央政府各部会担任相当于今天副部长级的高官。虽然武后满心不愿意，但她也想在朝廷里安排一些武家的人作为自己的党羽，来巩固自己的势力。

除升了哥哥们的官外，武后又封母亲杨氏为荣国夫人、姐姐为韩国夫人，武家人成为京师的新贵人。

在武后的授意下，荣国夫人杨氏在家中摆设宴席，请武元庆、武元爽、武惟良、武怀运四兄弟吃饭，庆贺这四兄弟新官上任。

酒席间，杨氏频频为这四兄弟夹菜、斟酒，俨然一副慈祥母亲的姿态。武元庆四兄弟当然在杨氏面前不敢露出跋扈的表情，反而显出前所未有的谦卑。

其实他们内心十分恐慌，不知道杨氏的笑脸背后有什么阴谋。

酒过三巡，杨氏用夸耀的语气对武元庆四个人说："你们还记得过去的事吗？今天你们荣耀升官，可有什么感想？"

四兄弟听了杨氏的话，举目互望，愣了一会儿。

武惟良首先站起来，对杨氏说："我们在朝廷做一个小官，原是依赖父亲的荫庇。我自知才能低下，并不想求富求荣，现在因为皇后的缘故，意外地得到升官，但我并不引以为荣，相反地我感到忧惧。"

其他三个兄弟也接着说："惟良兄长说得有理，官位愈高愈危险，我们也同样感到担忧。"

荣国夫人杨氏原本以为武元庆兄弟会对以前的事表示忏悔，对现在的荣耀表示感谢，并且以后会顺服杨氏和武后。

不料武元庆兄弟不但没有对以前欺侮杨氏母女的事道歉，也没有对现在的荣耀表示感谢，他们的感觉只是担忧和恐惧。这种反应让杨氏大失所望，也感到生气。

于是一席酒宴不欢而散。

第二天，杨氏进宫向女儿武后说明宴请武元庆兄弟的情形。

武后一听不由怒上心头，认为这几个哥哥真是不知好歹。旧日的恨意又在心头涌现，她内心在喊叫："我要报仇！我要报仇！"

然而，武后是个深沉的人，不会把愤怒轻易地表露出来，她要用计谋来惩罚这几个哥哥。

过了几个月，武后上了一个令唐高宗大感惊奇的奏章。奏章里说："古代的贤德皇后无不以国为重，以家为轻，秉公无私，不偏亲戚。东汉马皇后不准自己的兄弟封侯，外戚中有不守法度者，立刻削去官职，这件事被传为美谈。本朝太宗长孙皇后也说过，不愿兄弟子侄布列朝廷。长孙皇后的话足可垂范百代，母仪后宫。我虽不敢自比从前的贤后，但实在不愿兄长因我的缘故在中央任官，请求将我的兄长改任为远州的地方官。"

武后的奏章冠冕堂皇，使唐高宗十分佩服。他向群臣公开了武后的奏章，称赞皇后以国家为重，不私亲戚。

群臣们也不了解内情，只看到武后不重用自己的哥哥们，便觉得她大公无私，十分可佩。

于是武元庆四兄弟都被解除了中央官职，改任偏远的州刺史。不久，武元庆、武元爽都死在荒凉的边疆。武惟良、武怀运则尚未立刻死亡。

武后的姐姐被封为韩国夫人，嫁给贺兰越石，生有一子一女。在女儿未满一岁时，贺兰越石就死了，韩国夫人年纪轻轻就成了寡妇。

韩国夫人体态丰艳、举止柔美，唐高宗甚为喜爱她。她的女儿是个美艳少女，活泼可爱，也让唐高宗意乱情迷，韩国夫人死后唐高宗封她为魏国夫人。

这母女二人都受唐高宗的宠爱，经常日夜陪伴唐高宗。

武后何等精明，发现自己的姐姐和外甥女竟成了自己的情敌。

她在宫中几十年，非常了解唐高宗。她不动声色，假装不知道唐高宗和姐姐、外甥女的私情，但加紧控制唐高宗。她的底线是唐高宗和姐姐、外甥女玩玩可以，但不容许把这母女二人纳为妃嫔。

也许天在助武后，过了几年，韩国夫人突然生病死了。韩国夫人之死令唐高宗悲痛万分，他宣布三天不上朝。

因为皇后的姐姐去世，皇帝竟然三天不上朝，这是极少有的事。

姐姐死了，武后暗暗庆幸，心里放下了一块大石头，仿佛除去了另一个萧淑妃。但表面上，武后装着悲哀，穿上素服，送姐姐的灵柩到墓地去。

韩国夫人死后，唐高宗更加疼爱魏国夫人，想封其为妃嫔。武后不答应。

唐高宗这时对武后既依赖又惧怕，所以事情没办成。

武后知道这外甥女终是祸患，要想办法除去才好。

有一天，有几位边远州郡的刺史到中央来报告政务。

当然他们也都会带来当地的土产献给皇帝。这些刺史中有武后的两个堂兄武惟良和武怀运。

武惟良和武怀运来到京师，立刻受到荣国夫人杨氏的邀请赴宴。兄弟二人只当杨氏热心要接待他们，于是兴冲冲前去赴约。

到了荣国夫人的家，武惟良兄弟才发现唐高宗、武后和魏国夫人都在，似乎是安排了一次家庭聚会。

荣国夫人亲切地招呼武惟良兄弟。武后说："今天我们武家的人聚在一起，真是高兴。听说你们带了一些礼物要送给皇上，何不拿出来给大家看看。"

武惟良兄弟恭敬地回答："是！是！我们不知道皇上和皇后在这儿，所以礼物没有带来，现在立刻派人去取。"

不久，礼物送来了，都是一些食物。

武后检视一下这些食物，拿出几条白鱼，对唐高宗说："听说这白鱼鲜嫩可口，是下酒的美味。现在烧几条白鱼，我们兄妹陪陛下饮几杯，可好？"

唐高宗笑着说："太好了！赶快去烧吧！"

于是武后亲自到厨房，吩咐厨师烹调白鱼。

过了不久，一桌菜准备好了。大家围桌而坐，举杯敬唐高宗和武后。

唐高宗心情很好，畅饮几杯，看着面如桃花的魏国夫人，心里有一种飘飘然的感觉。

这时，一盘热腾腾的白鱼端上桌来。武后对外甥女魏国夫人说:"好菜来了,这白鱼滋润营养。自从你母亲去世后,我最怜爱你。你时常服侍皇上,尽心尽力,也很辛苦。这条白鱼是你两个舅舅献给皇上的,请你先尝尝,略表我这姨妈一点心意。"说着就把白鱼放在魏国夫人面前。

唐高宗看到这情景,便笑着拍手说:"好!好!趁热,你先尝尝美味。"

魏国夫人感激地对武后说:"母亲过世了,姨妈待我比妈妈还好。外甥女年幼无知,还要请姨妈多多教训。"

说完,魏国夫人就低头吃白鱼。大家似乎都在欣赏她品尝美味的样子。

很快地,魏国夫人把白鱼吃完。她正准备说话,忽然觉得肚子一阵剧痛,立刻倒在地上。

大家惊慌地围了上来,只见魏国夫人满嘴都在流血,惨叫几声,就气绝身亡了。唐高宗伏在魏国夫人身上,嚎啕大哭。

武惟良、武怀运两人全身颤抖,不知所措,口中喃喃自语:"这是怎么回事?"

这时,武后铁青着脸,指着武惟良兄弟,厉声叫道:"你们这两个忘恩负义的贼子,竟想用白鱼毒死皇上。"

武惟良、武怀运赶紧为自己辩护。武后完全不予理会。唐高宗早已哭得不能处理事情,一切交给武后去办。

于是,武后下令,武惟良、武怀运谋逆,不必经过司法审判，立刻处死。

白鱼的毒是谁下的？无人敢追查，反正武惟良兄弟已死，罪名就是下毒。

可以确定的是：武后内宫争宠的威胁解除了。

第十一章 害死两个太子

武后觉得，长子李弘和次子李贤以后继承皇位，会不利于自己掌握政治大权，而将二人害死。

武后和唐高宗共生了四个儿子和两个女儿，除长女在婴儿时就死亡之外，其他子女都长大成人。

长子李弘被立为太子，次子李贤封雍王，三子李显（后改名李哲）封英王，四子李旦封豫王（后改封相王），幼女封太平公主。

太子李弘性情仁孝，对人彬彬有礼，喜欢读书，喜欢和士大夫们谈论，是一个温和友善的人。朝廷上下，都对太子李弘有好感。

太子李弘是个守礼的人，性格较为保守，处世谦和，待人宽厚，这些方面显然和他母亲武后是不同的。

于是，太子李弘和武后常常意见不合，武后渐渐地不喜欢李弘。

义阳公主和宣城公主是萧淑妃所生的女儿。当萧淑妃被处死时，这两位公主才十二三岁，被幽禁在皇宫内一个很偏僻的角落。她们失去了公主的尊号和荣耀，像囚犯一般被对待，年龄已经三十多岁，还未出嫁。

有一天，太子李弘走到皇宫这个偏僻的地方，发现了这两个可怜的女人竟是自己同父异母的姐姐，又惊讶又同情，马上请求父亲唐高宗让两位姐姐出嫁。

唐高宗原本忘了萧淑妃还有两个女儿，经太子李弘一说，也觉得于心不忍，便答应将义阳公主和宣城公主出嫁。

这件事引起了武后的震怒。她气太子李弘不该为萧淑妃的女儿出面求情，太不体恤自己母亲当年血泪斗争的辛苦心情，竟然去帮助仇人的女儿。

不过，武后是个深沉的人，她虽然极为生气，但唐高宗既已答应，也只好把义阳公主和宣城公主嫁出去。武后为她们两人物色对象，最后选了看守皇宫的禁卫军中两个官阶极低、年纪很大的小军官，把两人嫁了出去，没有嫁妆，没有典礼。

唐高宗和太子李弘都没出面，只有武后假惺惺地送去几样贺礼。

虽然没有婚礼，义阳公主和宣城公主总算出嫁了。太子李弘去谢谢母亲武后，称赞母亲宽宏大量，不念旧恶，说了一大堆恭维的话。

武后只微微一笑，也不回答。

她心里却在盘算，这个儿子太不像自己了，如果将来继承皇位，恐怕会不利于自己掌控政治大权。

有一天，唐高宗、武后和太子李弘在宫中吃晚餐。餐后，太子李弘突然死了。御医报告，太子李弘是因酒食过量引起急性肠胃病而去世的，但宫中宦官和宫女盛传太子是中毒而亡。

这又是一桩皇宫疑案，许多史书都认为这事是武后做的。

李弘死后，唐高宗立了武后所生的第二个儿子雍王李贤为太子。太子李贤相貌俊美，喜欢读书，头脑灵活，善于处理事情，似乎是个精明能干的人。唐高宗非常欣赏李贤，认为他可以担负重任。

不久，唐高宗和武后离开长安，到东都洛阳去，京师长安的国家大政都交给李贤。

李贤果然不负父亲的托付，把国家大政处理得井井有条，公正而妥当，得到群臣的敬佩和称赞。

这时，在宫中有一个流言正在盛传，说李贤是武后的姐姐韩国夫人和唐高宗私通所生，由于家丑不可外扬，就归到武后名下，成为武后的次子。

这种流言虽然传播很广，但没有确切的证据。

李贤在长安召集了几位朝臣来对《后汉书》做注释，他把这事报告唐高宗。

唐高宗认为修史是好事，对李贤大为夸奖。

但是，当武后听到李贤要注释《后汉书》时便极不高兴，因为后汉是一个太后临朝最多的朝代，太后执掌朝政自然引用外戚，而小皇帝不甘心受制于外戚，便联合宦官起来打倒外戚，同时也废掉了太后。

这种外戚和宦官不断循环斗争成为后汉政治的一大特色，外戚和宦官的斗争其实幕后是太后和小皇帝的斗争。

武后是一个极敏感的人，李贤为什么不去注释《史记》《汉书》或《三国志》，偏偏选中《后汉书》，莫非他憎恶太后干政，才选了《后汉书》?

如果是这样，李贤一旦做了皇帝，她便是太后，这小皇帝就要除去太后，那景象就太可怕了。

所以，武后对李贤要注释《后汉书》大为不满，并产生疑虑。

李贤听说武后对他不满，但不知道是什么原因，又听到宫里的传言说自己不是武后所生的，心里就有了恐慌的感觉。

明崇俨画像

这时，李贤又收到母亲送来的两本书：《少阳政范》和《孝子传》。这两本书都是北门学士所编写的，主要内容是教忠教孝，这似乎表示李贤不忠不孝。

李贤自己实在想不透自己哪里不忠不孝。

但是，从此以后，李贤就常被武后责备，这使得他内心更加感到不安。

有一个叫明崇俨的人善于符咒幻术，受到唐高宗和武后的宠爱，官拜正谏大夫（正四品下）。

明崇俨曾向武后说，李贤福分很薄，难以继承大位，李贤的三弟英王李显相貌像唐太宗，四弟相王李旦的相貌最为尊贵，从英王和相王中选一人都比李贤好。

明崇俨这话被传出来，李贤也听到了，更加忧心忡忡，每天心绪不宁，对于未来，越来越有不确定感。

调露元年（679年）五月，明崇俨被盗贼杀死，凶手始终没有抓到。

武后便怀疑是李贤派人去杀了明崇俨，因为他曾指出李贤不堪大任。

李贤虽然聪明能干，但有个缺点，就是爱好声色享乐。在太子宫中，经常有歌舞盛宴。他有一个亲近的仆人赵道生。

赵道生深得李贤的宠爱，两人极为亲密，颇像是同性恋。李贤给赵道生的各种赏赐极多，大家都觉得这行为超过了主仆关系。

有一天，几个军人奉了皇帝的命令，来到太子宫中捉拿赵道生。赵道生被关入监牢，经过审问，他竟供出明崇俨是李贤派人杀死的。

赵道生为什么要说明崇俨是李贤派人去杀的？这事是真是假？

有人认为那是武后指使审判官逼迫赵道生说的，但真相模糊不清。只是赵道生是李贤最亲近的人，他亲口说李贤是明崇俨命案的主谋，这话使人不得不信。

接着，武后亲下手谕，派人逮捕李贤，并命宰相薛元超、裴炎和御史大夫高智周三人共同审问李贤。

薛元超等人奉命审理李贤的案子后，便派人到太子宫中搜查，搜出铠甲几百套。审判官认为太子宫中不该有这么多的铠甲装备，这是蓄意谋反的证据，于是李贤就被冠上杀人谋逆的罪名。

谋逆是叛国大罪。

唐高宗一直很喜欢李贤，想要给予宽恕，饶恕他的罪。

武后对唐高宗说："先帝曾说过：法，非天子一人之法，乃天下人之法，由于一己之私而乱了国家大法，这不是明君该做的事。陛下可还记得先帝抛却私情，执法如山的事？濮州刺史庞相寿原是秦王府的幕僚，犯了贪污罪。先帝并未因为庞相寿是自己的亲近部属就免了他的罪。这样的例子很多，陛下应当效法先帝的精神，执法不徇私情。何况为人子者图谋大逆，天地所不容，大义灭亲，岂可赦免。"

章怀太子墓仕女图

武后说得大义凛然，唐高宗还是流着泪对她说："贤儿虽然犯了大罪，毕竟是我们的儿子，就饶了他这一次吧！"

武后很严肃地说："我非铁石心肠，贤儿是我十月怀胎生的，我怎能不疼他？但是，我更看重国家社稷的巩固和陛下的安全。图谋大逆会危害社稷，也危害到陛下。我宁可牺牲自己的亲生儿子。"

武后说着就哭了起来，这反让唐高宗过来劝她不要难过。

接着，唐高宗下令废李贤为庶人，囚禁于京师。太子东宫的官员一个个都受到处罚。

不久，李贤被流放到巴州。

三年后，武后派左金吾将军丘神勣到巴州，迫李贤自杀，结束了李贤的太子梦。

第十二章 废唐中宗

唐中宗说要把天下给岳父韦玄贞。武后大怒，废掉三子唐中宗。

太子李贤被废以后，唐高宗立了武后所生的三子李显为太子。李显不如他的两个哥哥李弘、李贤优秀，是一个平庸、没有才能的人。

唐高宗的身体越来越坏，弘道元年（683年）十二月病逝，享年五十六岁，做了三十四年皇帝。唐高宗遗诏命太子李显继承皇位，宰相裴炎辅政，军国大事需要裁决者，由天后处理。这最后的遗嘱等于宣布虽由裴炎辅政，但国家的实权仍操在武后的手里。

李显即位，是为中宗，尊母亲武后为皇太后，封妻子韦氏为皇后。这时唐中宗年二十九岁。

唐中宗为人虽然昏庸愚昧，但和韦皇后感情很好。当时韦皇后的父亲韦玄贞是普州参军，一个低级的地方小官。中宗即皇帝位，立刻擢升韦玄贞为豫州刺史。过了几天，唐中宗似乎觉得给岳父做一个地方官太小了，便对宰相裴炎说，要任命韦玄贞为侍中。侍中是宰相，是正三品的高官。

任命新的宰相是朝廷重要的事情，辅政大臣裴炎立刻表示强烈反对。因为韦玄贞原是一个地方政府中的相当于现在科长级的小官，一下就升为中央政府执掌全国大权的宰相，这个举动是完全违反政治伦理的。而且韦玄贞对国家没有大功勋，没有声望，完全不能让群臣心服口服。加上由七品小官像乘火箭一样直升到三品的高官，完全破坏了唐朝已有的文官升迁制度。所以，裴炎的反对不是因为讨厌韦玄贞，而是基于这项人事命令不合政治伦理，也违反法令制度。

唐中宗刚刚登上皇位，看到裴炎反抗自己的命令，大发脾气，认为他是在挑战自己皇帝的权威。他对裴炎怒吼："只要我高兴，我把天下给韦玄贞，有何不可？难道还在乎一个侍中的官职吗？"

裴炎看见唐中宗发怒的样子，吓得不敢再说话，恭恭敬敬地退了出来。他虽然受唐高宗临终托付为辅政大臣，但终究是臣子，怎么可能抗拒新皇帝的旨意？但这件事如果不阻止，将来韦家外戚必然会掌控朝廷。

于是，裴炎立刻进宫求见武后。

武后很仔细地听裴炎报告事情的经过。她听到唐中宗要任命韦玄贞为侍中，脸上露出不以为然的表情。当听到裴炎转述唐中宗说"只要我高兴，我把天下给韦玄贞，有何不可"的时候，武后勃然大怒，站了起来，大声说："皇帝怎么可以说这种话，他不配做皇帝。"

武后的野心是放在皇帝大位上的。她除去太子李弘、太子李贤，是因为这两个儿子妨碍了她的野心。现在唐中宗竟然说要把天下给韦玄贞，那么她的皇帝梦将完全破碎，这是多么可怕的事。这个儿子没有想到把天下给妈妈，却愿意给岳父，他岂可再坐在皇帝位子上。

于是，武后和裴炎秘密商议，决定废掉唐中宗。

嗣圣元年（684年）二月初六，武后在东都洛阳乾元殿召集群臣，唐中宗也在场。这时宰相裴炎、中书侍郎刘祎之、羽林将军程务挺等率领一批军士入宫，站在乾元殿上。裴炎宣布武后的命令，废唐中宗为庐陵王。宣读武后的命令完毕，几个军士就快步走上来，挟持唐中宗下了皇帝宝座。

唐中宗被这突如其来的行动吓呆了，当军士挟着他下殿的时候，他激动地回头对武后叫道："我有什么罪？"

武后很严肃地回答说："你要把天下奉送给韦玄贞，怎么会无罪！"

唐中宗还想辩护，但看到殿上刀光剑影，雄赳赳的军士站满大殿内外，群臣中没有人出来为他说话，顿时舌头打结，说不出话来。于是唐中宗被军士们挟持着下了殿，结束了两个月的皇帝美梦。

在中国古代，皇帝是最高权力者。在没有民主选举制度之下，皇帝即位后，除非政变、反叛或失去实际权力被逼迫让位，绝大多数都可以安安稳稳到自然死亡，皇帝被废的例子并不多见。其实，在理论上，只有皇太后有宣布废皇帝的权力，因为太后是皇帝的母亲，或是母亲辈的人。母亲有权力管教儿子、责罚儿子，纵使儿子是皇帝，也不能违抗母亲。中国古代强调"以孝治天下"。皇帝如果反抗母亲，就是不孝，不孝的皇帝如何治天下？所以在"孝道"

的大帽子之下，当皇帝遇上强势的母亲，是不得不低头的。试看清朝的慈禧太后把光绪皇帝控制得不能动弹，用的武器就是孝道。中国古代是"家天下"政治，一个王朝就是一个家族的私产，譬如唐朝是李家的天下，宋朝是赵家的天下，明朝是朱家的天下。天下是一家的私产，这一家最高的主宰是老祖母或老母亲。老母亲愿意让哪一个儿子来当家，外人不能干涉。所以用太后的名义下令废皇帝、立皇帝，那是皇帝家族内部的事，群臣只能接受。

唐中宗被废以后，武后下令立她的第四个儿子李旦为皇帝，是为唐睿宗。这时唐睿宗年二十二岁。

唐睿宗即位后，成为一个标准的傀儡皇帝。也许他对政治真的毫无兴趣，也许他早已从他三个哥哥的遭遇看透母亲武后的政治野心，所以他自愿做一个不管事的皇帝，国家大政全部由母亲掌管。每天上朝，和群臣行礼如仪之后，他就退到旁边的一个小殿去，在那里看书休息。他任由母亲武后和群臣讨论事情，全不过问。所以，唐睿宗就像一个泥菩萨，供在上面，让大家拜一拜，拜完了，泥菩萨就被搬走了，是一个完全没有作用、没有能力的偶像。

武后既掌握了绝对的大权，就想到自己的娘家。她不会忘记自己姓武，要光宗耀祖，让武氏家族兴旺。然而她早就把两个哥哥武元庆、武元爽除掉，两个堂兄武惟良、武怀运也被她处死。这时，她想要提拔武家的人，便重用侄儿武三思（武元庆之子）、武承嗣（武元爽之子），让武三思、武承嗣的官位步步高升，最后做到宰相。

光宅元年（684年），就是唐睿宗刚即位的那年，武承嗣请武后追封祖先为王，建立武氏宗庙。武后同意武承嗣的建议，对宰相们说要追封祖先为王，并建宗庙。宰相们觉得很不妥当，因为依照唐朝的政治惯例，只有皇帝的儿子们和弟兄们才能封王，其他臣子都只能封公、侯、伯、子、男五个等级的爵位，武家的人要封王是不合规矩的。至于宗庙是皇族独有的，群臣和百姓放置祖先牌位的地方是祠堂。武家不是皇族，怎么可以盖宗庙？

但是，当时武后大权独揽，宰相们明知不妥，却也不敢表达意见。唯有裴炎勇敢地站出来反对，说道："太后母临天下，当显示大公，不可以私于所亲。难道太后没看见汉高祖的吕后，大封吕氏宗亲为王，最后惨败的事例，那是前车之鉴啊！"

武后不以为然，说："吕后把权力交给活人，所以造成失败。我现在是要追尊已经亡故的人，这有什么关系！"

裴炎说："事情要防微杜渐，不可以由小慢慢变大。"

武后不理会裴炎的反对，追尊武氏的祖先为王。

裴炎说"防微杜渐"，真是击中了武后的心意。武后早有意篡位称帝，追尊祖先乃是称帝的基础工作之一——抬高祖先的地位。裴炎识破了武后的阴谋，种下了不久之后凄惨结局的种子。

第十三章 徐敬业起兵反武

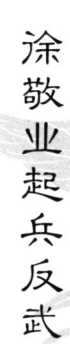

徐敬业、骆宾王等失意官僚起兵讨伐武后。武后召集宰相们入宫开会,商量对策。

唐睿宗即位后，只是一个傀儡皇帝，大权完全掌握在武后手中。当唐高宗还活着的时候，武后虽然已经掌权，但许多事情还是要经过唐高宗同意，自己还不敢独断独行。现在，唐高宗已死，儿子唐睿宗又完全不过问政事，武后没有任何掣肘，一切事情都由她一人决定。所以，这时的武后身份上虽然是皇太后，但实际上和皇帝没有两样。

自古以来，太后当政无不重用外戚。外戚是娘家的人，外戚的荣辱完全依赖太后，所以太后会觉得外戚对自己必然忠心，最为可靠。西汉末年，汉成帝的母亲王太后当权，引用外戚王氏，王凤和王莽长期执政；东汉时期有六个太后临朝，每位太后都重用自己的外戚。所以武后执政以后，自然也会重用武家外戚。武家的子孙凡活着的都被安排了重要的官职，武后封侄儿武三思为梁王，武承嗣为魏王，武承业为陈王；武三思的儿子武崇训为高阳王，武崇烈为新安王；武承嗣的儿子武延基为南阳王，武延秀为淮阳王；武承业的儿子武延晖为嗣陈王，武延祚为咸安王。此外，武家被封王的还很多。于是，武家声势显赫，成为朝廷里的新贵。

和武家形成强烈对比的是唐朝的皇室李家。李家子孙虽然早就被封王，但这时遭到武后的打压，李家皇室诸王被一个一个调到边远地区。这明显地表现出，现在是武家的天下，李家的人都被排挤在政治核心之外。武后的举动让李家的宗室诸王和忠于大唐王朝的人都忧心。

在政治不安的气氛下，几个政坛失意的人聚集在扬州。这些人有徐敬业、徐敬猷、唐之奇、骆宾王、杜求仁、魏思温等。他们的父亲或祖父都是唐朝的高官名臣，他们自己也在朝廷任官。由于种种原因，他们分别被贬官或免职，所以对朝廷有一大堆的不满，尤其对于武后废唐中宗，更是强烈地指责。于是，他们商议以武力起兵讨伐武后，推徐敬业为领袖。

徐敬业的祖父是唐朝开国名将李勣。李勣本姓徐，由于功劳大，唐高宗赐姓李，和皇帝同姓，表示尊荣。这时，李勣已死，徐敬业用计谋控制了扬州，将扬州的长史陈敬之囚禁起来。接着徐敬业吩咐释放扬州监狱里的罪犯和做奴隶的工匠，取出扬州府库中的金银财宝和武器，并且把扬州长史陈敬之杀了。

徐敬业占领扬州，打出拥护唐中宗复位的名号，成立匡复府。他自称匡复府上将兼扬州大都督，以唐之奇、杜求仁为左、右长史，魏思温为军师，骆宾王为记室，展开招募军队的工作。经过十几天，募集了士兵十余万人。于是，正式宣布声讨武后。由骆宾王执笔写了一篇《讨武曌檄》，就是讨伐武后的告全国人民书。这篇文告文辞典雅，气势豪壮，对武后大肆攻击，将她的丑恶行为，描写得淋漓尽致。

以地裒君山之汧渭豈徒然哉是用氣憤風雲志安社稷因天下之失望順宇內之推心爰舉義旗以清妖孽南連百越北盡三河鐵騎成群玉軸相接海陵紅粟倉儲之積靡窮江浦黃旗匡復之功何遠班聲動而北風起劍氣沖而南門平暗鳴則山嶽崩頹叱吒則風雲變色以此制敵何敵不摧以此圖功何功不克公等或居漢地或葉周親或膺重寄於話言或受顧命於宣室言猶在耳忠豈忘心一杯之土未乾六尺之孤何托倘能轉禍為福送往事居共立勤王之勳無廢大君之命凡諸爵賞同指山河若其眷戀窮城徘徊歧路坐昧先幾之兆必貽後至之誅請看今日之域中竟是誰家之天下

文告大意是：当今非法临朝执政的武氏，本性并非和顺，出身也很寒微。昔日曾充当太宗皇帝的低级妃子，以服侍皇帝之便得到太宗皇帝的宠爱。等到年龄稍长，又私通太子。她隐瞒了和先帝的私情，暗地里谋求在后宫得到宠幸。她施展阴谋，谗言毁谤，迷惑君王，终于窃据了皇后的名位，致使高宗皇帝败坏了人伦，成为父子共妻的禽兽。武氏心如蛇蝎，性同豺狼，亲近奸佞，残害忠良，杀姊屠兄，谋害君王，神人之所同嫉，天地

第十三章 徐敬业起兵反武

讨武曌檄

伪临朝武氏者，性非和顺，地实寒微。昔充太宗下陈，曾以更衣入侍。洎乎晚节，秽乱春宫。潜隐先帝之私，阴图后房之嬖。入门见嫉，蛾眉不肯让人；掩袖工谗，狐媚偏能惑主。践元后于翚翟，陷吾君于聚麀。加以虺蜴为心，豺狼成性，近狎邪僻，残害忠良，杀姊屠兄，弑君鸩母。人神之所同嫉，天地之所不容。犹复包藏祸心，窥窃神器。君之爱子，幽之于别宫；贼之宗盟，委之以重任。呜呼！霍子孟之不作，朱虚侯之已亡。燕啄皇孙，知汉祚之将尽；龙漦帝后，识夏庭之遽衰。敬业皇唐旧臣，公侯冢子，奉先君之成业，荷本朝之厚恩。宋微子之兴悲，良有

《讨武曌檄》原文

之所不容。她甚至包藏祸心，阴谋篡夺皇位。君王的爱子被幽禁在寒宫，武家的同族却被委以重任。徐敬业是唐室的旧臣，祖先是公侯之家，他气愤当前的局势，有志要安定大唐基业，顺应全国民心，所以高举义旗，发誓要消除妖孽，匡复唐室。你们有的享有国家的爵禄，有的是皇室的至亲，有的曾承担国家的重责，有的受先帝的托付。先帝的遗言还在耳边，难道你们就忘记了对李家的忠诚吗？先帝坟上的泥土还没干，幼小的孤君现

在在哪里呢？如果你们能转祸为福，顾念去世的先帝，拥护被废的幼君，一同起来建立勋业，遵守先帝的遗言托付，你们一定会得到封爵赏赐。

这篇文告用了很多典故，文字流畅，充满感情，痛骂武后，却不是无中生有，不是泼妇骂街式的无理谩骂，而是鼓动人们的情绪，使人们认同他们匡复唐室有理。

讨伐武后的文告传到洛阳。武后在皇宫中的书房里，叫一个宦官把文告念给她听。这个宦官念到骂武后的地方就停住了。他怕武后会生气，不敢往下念。没想到武后竟连连催他念下去，他念了一段又停住了，因为骂得太厉害了。他怕武后生了气会把怒气发在他身上，万一下令把他杀了，那才死得冤枉。

武后看这宦官念得断断续续，便把文告接过来，自己从头读起。她边读边点头，不断地夸奖："好文章，好文章。"武后是一个心胸狭小、有仇必报的人，现在竟然不断称赞这篇骂她的文告，岂非怪事？原来武后喜爱文学，遇到好文章常会爱不释手。她被这篇文告优美的文辞、磅礴的气氛、锐利的笔调所吸引，一时忘掉这篇文告是在咒骂她。

武后读完了这篇文告，便问身边的宦官："这篇文告是谁写的？"

宦官回答说："是骆宾王写的。"

武后忽然想起多年前有一个侍御史叫骆宾王，后来被人诬告贪污，结果被降级到边远的地方做一个小官。武后再看一看手里的文告，感慨地说："有这样文才的人竟流落到地方，朝廷没有加以重用，真是宰相之过啊！"

宦官听到武后的话，十分诧异地说："骆宾王已经是十恶不赦的叛逆之人，太后为什么还称赞他呢？"

武后说："世上奇才难得，自古明君都是惜才爱才的。太宗皇帝因为爱才，乃能建立大唐盛世。你可知道贞观年间有位宰相马周吗？此人出身寒微，本是一介平民，在骁卫中郎将常何家中做门客，代常何写了一篇奏章，谈论治国策略。太宗皇帝十分欣赏，召见马周，破格任用他为监察御史，后来提拔为宰相。用人唯才、不拘资格、求才若渴，这是一个贤明君王应该有的态度。"

宦官听了，赶紧说："太后圣明。"

武后虽然欣赏骆宾王的文章，但也了解徐敬业的叛乱是一件重要的大事，立刻召集宰相们入宫开会，商量对策。大多数宰相主张派军队去讨伐，只有宰相裴炎表示不同的意见。

裴炎说："徐敬业兴兵作乱是打着匡复庐陵王的旗号。皇帝年纪也不小了，却没有亲政，所以他们才有借口。只要太后还政于唐睿宗，徐敬业之乱不用出兵就可以平定了。"

裴炎的话让武后满腹狐疑，他为什么反对出兵讨伐徐敬业？为什么要把废掉的皇帝迎回来？这不是和徐敬业同一主张吗？裴炎以前反对封武家的祖先为王是什么居心呢？既然裴炎反对，宰相会议便没有做最后决定。武后要宰相们再思考一下，便散会了。

会议刚结束，监察御史崔詧向武后报告说："裴炎身为辅政大臣，国内有乱事他不主张平定，他的用心令人怀疑。叛军的右司马薛仲璋就是他的外甥，所以，裴炎和徐敬业的叛乱事件脱不了干系。"

于是，武后下令逮捕裴炎下狱，派御史大夫骞味道审理。

第十四章 宰相裴炎做了替罪羊

裴炎对李唐王朝死忠。武后把他看成是她称帝道路上的大障碍，必须赶快除掉。

裴炎是个脾气刚直的人，被关入监牢，仍然自认忠贞不贰，语气高昂。有人劝他委曲求全，向审判官求情。裴炎对劝他的人说："宰相下狱，哪有苟且求生、保全自己的道理。"他抱着不屈服的态度，当然对他不利。

在朝廷上，裴炎下狱当然是人人关心的事，大家会把这事当作话题来谈论。

有一天朝会时，宰相刘景先、凤阁侍郎胡元范等人对武后说，他们认为裴炎不会谋反。胡元范说得最明白："裴炎是社稷忠臣，有功于国，对皇上尽心尽力，他的忠心是天下人所共知的，臣确切知道他不会谋反。"

刘景先接着说："如果裴炎反了，那么我们这几个人岂不也都反了？"

武后说："裴炎的谋反有证据，只是你们不知道。我晓得裴炎谋反，你们各位不反。"武后虽说他们各位不反，但没多久，刘景先、胡元范就被逮捕下狱，免去宰相的官职，武后改任命了几个力主裴炎谋反的官员为宰相。

在徐敬业起兵后的第二十天，裴炎在洛阳被斩首。武后下令抄家，结果裴炎家里毫无家财，连一担白米的存粮都没有。这个宰相清廉得让人叹惜。

宰相谋反是国家的大事，结果只用了十几天，这个大案子就结了案。裴炎被判死罪，立刻执行。而负责审判的骞味道立刻被武后提升为宰相。从这样的过程和结果来看，不难发现裴炎谋反一案完全是一个政治冤案。

另有史书说裴炎在狱中受严刑审问，供出与徐敬业有联络之事，而且还企图趁武后到龙门旅游之时，带兵突击武后，要挟持武后，逼武后还政给唐睿宗。可惜武后准备出游的那天下起了大雨，武后宣布取消那次旅游，裴炎的阴谋才未得逞。

其实，所谓裴炎的招供全是审判官骞味道伪造出来的，因为这个伪造的供词不合逻辑。如果裴炎真的和徐敬业勾结，他在武后面前必然心虚而不敢表示意见，岂会当众人都赞成派兵讨伐徐敬业时，他一人反对用兵？那不是暴露他和徐敬业勾结的阴谋吗？其实，裴炎的内心是坦荡荡的，他才敢讲若太后把政权归还给皇帝，徐敬业就没有了起兵的借口，那么不用派兵，乱事就平定了。所以，裴炎提出不用派兵，不是和徐敬业勾结，而是想用另一种方法平定乱事。至于说裴炎想趁武后到龙门出游时出兵突击，这是异想天开的荒谬事。武后的身份等同皇帝，武后出游，身边保驾的必然是禁卫军。依照唐朝的制度，宰相是无法指挥军队的。宰相可以调度少数守京城的军队，但这些守京城的军队主要任务是维持治安，没有什么作战能力，不像禁卫军是全国军队中的精锐。所以想要在禁卫军保护下袭击武后，那是绝对不可能的事。裴炎在中央政府做官很久，位至宰相，难道连这点"常识"都没有吗？所以这一定是骞味道伪造的证据。这伪证合乎武后的心意，所以做伪证的人升了官，做了宰相。因此可以确定裴炎之死是一桩政治冤案。

武后为什么要杀裴炎？因为裴炎是她称帝道路上的绊脚石。

裴炎对李唐王朝绝对忠心耿耿。当他发现武后大权独揽，把唐睿宗当成一个木偶时，他的内心觉得不妙。当武后要追封武家祖先为王，并且为武家立宗庙时，他几乎可以确定武后的野心是夺取皇帝大位。如果武后真的登上皇帝宝座，那么，天下就不是李家的，而变成武家的。裴炎效忠的对象是李唐王朝，如果换了姓武的人拥有天下，那就是改朝换代了，裴炎是不可能把效忠的对象转换的。所以，当局势有害于李唐王朝时，他会予以反击。当武后要追封武家祖先为王，建立武氏宗庙时，裴炎要反对。唐中宗说要把皇位让给韦玄贞，裴炎会吓得赶快去报告武后。裴炎和武后以最快的速度废了唐中宗，免得昏庸的唐中宗真的把李家天下变成了韦家天下。当武后专政，迫唐睿宗成为一个木偶皇帝时，裴炎是既恐惧又心痛的。徐敬业起兵反武后，裴炎内心是赞成的。他希望武后放手，把政权交还给姓李的皇帝，于是他直率地表示武后应该把政权还给唐睿宗。

裴炎对李唐王朝赤裸裸的死忠，被武后看成是她称帝道路上的大障碍，必须赶快除掉。裴炎的下狱和被杀是武后计划的一部分，无所谓公正合法的审判，完全是政治阴谋的结果。武后连自己的亲生儿子、女儿都可除掉，何况是和自己毫无感情的臣子呢！

当裴炎被关到监狱时，有一个郎将姜嗣宗从洛阳奉命到长安办事。当时武后和文武大臣都在洛阳，裴炎也被关在洛阳，京师长安由刘仁轨负责留守。刘仁轨向姜嗣宗询问东都洛阳的情况，姜嗣宗说："宰相裴炎以谋反的罪名被关起来，我早就觉得裴炎有异于平常。"

刘仁轨追问一句："哦？你早就发觉裴炎有异谋了？"

姜嗣宗点头，很肯定地说："是的。"

刘仁轨明白姜嗣宗是在自夸有先见之明，其实这是落井下石的行为。刘仁轨十分厌恶这种小人，于是不动声色地对姜嗣宗说，要他帮忙带一个奏章回洛阳，呈给武后。姜嗣宗欣然接受。

刘仁轨的奏章写着："姜嗣宗早就知道裴炎谋反而不报。"这奏章被密封起来，由姜嗣宗带回洛阳呈给武后。武后看了奏章，痛骂姜嗣宗知反不报，立刻下令处死他。姜嗣宗其实并不知道裴炎有没有异谋，只是事后吹牛，自夸有先见之明，结果害了自己。

当裴炎下狱之时，镇守边疆防御突厥的大将军程务挺也上书武后，为裴炎辩护，说他忠贞爱国，不会谋反。武后看了奏章，十分不悦。有人告程务挺和徐敬业的党羽有勾结，武后也不加审问，就派左鹰扬将军裴绍业到程务挺的军中去，杀了程务挺。程务挺是当时的名将，善于带兵作战，将士们都敬佩他，突厥更是闻程务挺之名就不敢前来侵犯。程务挺被杀，军中将士无不悲愤痛哭。突厥听说程务挺已死，大摆宴席庆祝狂欢。

武后也知道程务挺是一个杰出的将领，但她并不后悔杀了他，因为他极可能是她称帝道路上的大障碍。

裴炎的侄儿裴伷先，十七岁，聪明正直。当裴炎被杀时，裴伷先写了一份奏章，封面上写着"密奏"，内文很简单，说要见武后当面报告。武后曾见过这个年轻人，印象很好，就立刻召见他。

武后问裴伷先："你伯父谋反，你还有什么话说？"

裴伷先回答道："我怎么敢来诉冤，我是为陛下的利益来献计的。陛下是李家的媳妇，先皇去世以后，陛下大权独揽，排除李家宗室。我伯父忠于国家，反被诬陷为有罪。我对陛下所作所为，感到可惜。陛下应该恢复儿子的皇位，自己在宫中修身养性，这样可以保全武家子孙。如若不然，一旦天下大乱，就无法可救了。"

武后听了大怒，命人把裴伷先拖下去。裴伷先被押走，还回过头来大叫："现在听我的话还不迟。"连说了三次。武后气得拍桌子，下令把裴伷先打一百棍，流放到边疆地区去。

第十五章 平定徐敬业谋乱

武后掌权执政，只是皇宫的内斗，对社会大众没有产生不良影响。这不是一个有利于起来反抗政府或武后的环境。

徐敬业在扬州找到一个人，相貌很像已故的太子李贤，就宣布说："太子李贤并没有死，现在扬州城内，我们是奉太子李贤的命令起兵反抗武后。"当然这是为了欺骗百姓而编造出来的谎言，其实这种谎言是抄袭《史记》里的一段故事。《史记》记载，秦始皇病死，秦二世即位，陈胜、吴广揭竿起事，首倡反秦，陈胜、吴广就抬出已故的太子扶苏和楚国大将项燕的名字为号召。当时信息传播手段尚不发达，老百姓分辨真假的能力不强，徐敬业捧了太子李贤的名号，很多人都受骗，愿意随从，所以徐敬业很快就能招募到十多万人。

徐敬业占据了扬州。扬州是一个商业大城，也是淮河和长江下游物资的集散地。当时它的地位类似今天的上海，十分重要。但扬州地处平原，不是一个政治和军事的基地，必须向外发展。徐敬业的军师魏思温主张出兵攻取东都洛阳。当时唐朝中央政府官员和武后都在洛阳。但是另有一些人主张向南渡过长江，攻取常州、润州，作为基地。这两个作战策略，前者攻取政治中心洛阳，可以号召天下，掌控全国，是积极性的策略，但洛阳附近必有重兵防守，所以进攻洛阳会遭遇较大的困难；后者攻取常州、润州，以长江为屏障，以江南的物资为后援，进可攻，退可守，这是一个较为消极的策略，不过攻取常州、润州较为容易得手。

徐敬业的祖父李勣是唐朝开国名将。徐敬业似乎缺乏他祖父的用兵魄力，舍弃攻洛阳的积极性攻击策略，采取进取常州、润州的消极性自保策略。这个策略让徐敬业自困在一个小地区，给予武后调兵遣将反击的机会。

润州和扬州只隔四十多里。润州刺史李思文是徐敬业的叔父。徐敬业心想取润州易如反掌，便写了封信给李思文，要他举城归降。不料李思文对唐朝政府忠心耿耿，认为徐敬业的行为是造反行为，立刻写了一份奏章，派人快马送往洛阳，报告徐敬业即将进攻润州，请中央救援。

徐敬业将兵力分为两部分，由唐之奇领一部分军队守扬州，他自己率领一部分军队去攻打润州。军师魏思温内心十分忧虑，对同伴说："兵合则强，分则弱。徐敬业不肯集中力量渡过淮河，号召河南、山东一带的反武势力，直取洛阳，反而分散兵力到长江以南去，败亡就在眼前了。"

徐敬业领兵到了润州。润州刺史李思文紧闭城门，抗拒徐敬业的进攻。徐敬业率领数万大军包围润州。润州的守兵人数很少，抵抗多日，润州城终被攻破。李思文被俘。徐敬业念他是自己的叔叔，并未杀害，只将他关到监牢里，囚禁起来。

当徐敬业起兵的消息传到洛阳，武后发觉事态严重。因为扬州是中央政府物资的供应地，失去扬州对中央政府的财政会产生重大的影响，所以扬州的乱事必须迅速平定，中央政府一定要赶快重新掌控扬州。

于是武后立即召集大臣们开会商量对策,很快做出了几项决定:一是将反对对徐敬业武力讨伐的宰相裴炎囚禁起来,并且处死,以消除反对武力讨伐的声音。二是徐敬业的祖父李勣虽然已死,武后仍然下诏削去李勣一切的官职,挖开李勣的坟墓,打开棺木,将尸体斩首,并且取消李勣和他子孙的李姓,恢复原本的徐姓。李勣如果死后有知,一定会后悔自己生前为什么要赞成唐高宗立武昭仪为皇后。三是派李孝逸率领三十万大军去讨伐徐敬业。

当徐敬业攻下润州时,听说李孝逸率兵指向扬州,他赶紧离开润州,领兵北返扬州,驻兵在高邮县的下阿溪,又派弟弟徐敬猷带兵驻守淮阴。

李孝逸的大军很快就到了扬州附近,先头部队和徐敬业发生了接触战。李孝逸初战失利,这让他有些胆怯,打算暂停攻击。这时军营中担任监军的侍御史魏元忠对李孝逸说:"朝廷安危在此一举。百姓长期安居乐业,听到徐敬业作乱,人人痛恨,都想早些除掉乱贼。在这关键时刻,官军要顺应民心,一鼓作气,扫除乱贼。如果你按兵不动,坐失良机,那可就会让天下百姓大失所望了。假如朝廷另外选派将领前来代替你,那么你就无法解脱你阵前畏缩的大罪了。"

魏元忠的职务是监军。自秦朝以来,皇帝怕手握兵权的将领不忠，都会派一个御史代表皇帝到军中去监督那个将领。监军不是一个正式官职，只是一个临时被皇帝差派出去担任监督工作的。他不是军中的一分子，但受皇帝指派，军中的一切情形，包括将领是不是忠贞、将领是勇敢还是怯弱、战术是否错误等等他都可以直接上告皇帝，所以领兵的将领无不对监军表示尊敬。李孝逸对于魏元忠的话自然十分重视，同时也觉得他讲得有理，便打消了观望的念头，下令进攻。

这时，朝廷派了身经百战的大将黑齿常之为江南道行军大总管，和李孝逸共同讨伐徐敬业。李孝逸的大军和徐敬业的军队发生了激战，双方互有胜败。有一天，李孝逸想要退兵，正巧这时狂风大作。魏元忠心生一计，对李孝逸说："现在刮起大风，风向是由我方吹向敌营。敌营四周都是茂密的芦苇，干燥易燃。如果我们用火攻，定能大胜。"

李孝逸一听，就说："此计甚好，依计而行。"

到了夜晚，李孝逸悄悄派人潜入芦苇之中，放火燃烧。火借风势，立刻蔓延开来。火势冲天，烧到了徐敬业军队的营房。徐敬业的军队顿时乱成一团，有人被火烧死，有人跳到河里被淹死，有人丢了武器狂奔。李孝逸的军队埋伏在四周，立刻乘机追杀。徐敬业的军队一夜之间完全被消灭，死伤不计其数。李孝逸军大获全胜。

徐敬业和几个部下骑马带着妻子逃回扬州，企图先逃往润州，再乘船逃往高句丽。

这时，李孝逸的大军在后追赶，情势十分急迫。晚上，徐敬业等人来到海陵县，想要渡河，却刮起了狂风，船无法行驶。徐敬业的部将王那相眼见已到了穷途末路，便想向唐朝政府邀功，将功折罪，于是杀了徐敬业、徐敬猷、骆宾王等人，带着他们的首级向李孝逸投降。徐敬业的乱事至此平定，为时不过三个月而已。

徐敬业的失败主要有三个原因。一是战略错误：不该进攻长江以南，以致失去控制全局的先机，应该兵指洛阳，攻击敌人的心脏，号召山东、河南一带潜在的反武势力，扩大声势。二是缺少军事人才：徐敬业和他的部属都是书生型的人物，军队缺乏有组织、有领导作战能力的将领，加上招募来的军队未曾经过训练，都是乌合之众，怎能和训练有素的政府军队对抗。三是缺少有利的环境：从唐太宗以来五十多年，国内太平，没有战争，政治还算清明，经济繁荣，人民生活安定。武后掌权执政，那只是皇宫的内斗，对社会大众并没有产生不良的影响，所以社会上并没有普遍存在对政府或武后不满的情绪。这不是一个有利于起来反抗政府或武后的环境。徐敬业扬州起事像是在一个平静的池塘里投下一粒小石头，起了一些涟漪，却未引起大波浪。

徐敬业失败了，带来一个料想不到的后续事件，那便是出现了一群酷吏。

第十六章 令人恐惧的告密箱

武后提倡和鼓励告密,希望借此把藏在暗中的敌人挖出来,让人制作了接收告密书信的铜匦。

徐敬业扬州叛乱失败，让武后警觉到社会上有许多人心中是反对她的。如果这些反对势力不加以清除，将会对她走向皇帝之位造成很大的障碍。

如何消除反对势力？首先要找出反对者在哪里。像徐敬业等人是明显的反对者，可以直接予以打击。像裴炎是半明显的反对者，也可以加以打击。

但是社会上有许多反对者是隐性的，他们私下用口头或行动传播反武后的情绪，这种隐性的反对者必须清除，否则会像埋在地下的火药，爆发起来威力极为可怕。武后想到的挖出隐性反对者的方法是鼓励告密。

其实，第一宗告密事件发生在徐敬业扬州叛乱之前。唐中宗被废为庐陵王的几天后，有十几个军人在一起喝酒聊天，其中有一个人发牢骚说："早知道新皇帝（指唐睿宗）即位并没有给我们什么赏赐，不如大家还是拥护庐陵王。"

在座另有一人听到这话，便悄悄起身溜出餐厅，跑到皇宫去报告，说有人要拥立庐陵王回来做皇帝。武后得到这个报告，立刻派一批皇宫禁卫军赶到餐厅。这十几个军人还在大吃大喝，不料门口突然拥进了一群禁卫军，把他们捆绑起来。

没有经过详细审判，这十几个军人就被处死。告密的人得到五品官的厚赏。

不过,这次告密事件只是个案,并没有蔓延开来。告密成为一种风气是在徐敬业扬州叛乱之后。

当徐敬业之乱平定后,武后表示要庆功,在皇宫中大宴群臣,酒菜丰盛。群臣无不开怀畅饮。

武后显得心情愉快,群臣纷纷向她敬酒。武后也频频举杯,不知不觉中多喝了几杯,脸色因着酒意而泛红,更是显得容光焕发。

这位年过六十的太后看起来才三四十岁。群臣无不称赞她的美貌,让武后心里感到飘飘然。

庆功宴后第三天,武后又召集群臣到乾元殿。殿上的气氛肃穆,群臣不知道武后为什么要召集大家前来,一个个神情严肃地站立着。

武则天金简

不久，武后进了殿，坐在御座上，态度冷峻，没有笑容，用炯炯有神的眼睛扫过恭敬地站立在两厢的群臣。

过了一会儿，她用沉重的语调说："朕自执政以来，早晚为国家社稷忧心，自认为没有亏负众卿，也没有对不起天下百姓。众卿可知道吗？"

几位大臣赶紧回答道："陛下恩德，泽被天下，百姓全都知道。"

武后继续说："朕侍奉先帝三十多年，一直尽心尽力，随时以天下为念。众卿的富贵是朕给你们的，天下百姓的安乐是朕养育的结果。先帝驾崩之后，将天下托付给朕。朕日夜思虑，唯恐不能上承天意、下符民愿，所以不敢爱惜自己而尽力体恤百姓，对臣下也是爱之如子、恩宠有加。有的人出将入相、飞黄腾达，可是为什么辜负朕呢？"

群臣发觉武后的语气越来越刚硬，显然是生气了，但没有人知道她为什么生气。

大家都低着头，屏息而立，没人敢吭声。

武后停了一会儿，提高嗓门，用严厉的语气说："你们中间有些是先朝老臣，可是倔强难制有超过裴炎的吗？你们中间有许多将门之后，可是纠合亡命之徒有超过徐敬业的吗？你们中间也有不少握有兵权的宿将，可是领兵攻战有超过程务挺的吗？裴炎、徐敬业、程务挺这三个都是很有声望的人，但是他们与朕为敌，朕都能把他们消灭。你们中间有谁比这三人更厉害的，想图异谋，请你们早点动手，否则就该痛改前非，免得身败名裂，贻祸子孙。"

武后这一番话真是赤裸裸的威吓，听得群臣胆战心惊。其中年纪较长的几个大臣首先跪了下去，对武后叩头。

其他的臣子也跟随着一个一个跪下，大家齐声说："陛下天威，臣等愿效犬马之劳。"

武后冷冷地说："朕不是要强迫任何人。你们应该识时务，明是非，趋利避害。如果有人利令智昏，想要投机侥幸，做大逆不道的事，那么后果将很悲惨，那时后悔就晚了。"

武后说完，坐在御座上，眼看跪了满殿的男性官员俯伏在地，全都是诚惶诚恐的模样，一股权力欲望满足的骄傲感涌上她的心头。

幼年时，被同父异母的哥哥们欺侮、轻视的景象又浮现在眼前。现今的场景和当年的景象真是强烈的对比。

现在她一人高坐在宝座上，所有的男人都伏在地上跪拜，可惜她的哥哥们早就被她杀掉了，否则他们不是也伏地跪在人群中吗？

想到这里，她心里有一种复仇的快感。

群臣接受了这次震撼教育，对武后增加了几分恐惧心理。他们没料到令他们更恐惧的事随后而来，那便是告密的风气像燎原的野火烧了起来。

垂拱二年（686年）正月，武后颁了一封诏书，表示要将政权交还给儿子唐睿宗，自己退居后宫。这封诏书引起了朝廷上下大震动。

有人认为武后经过徐敬业事件，感受到太后主政不合民心，所以要归政给皇帝；有人则怀疑武后退居后宫，还政给皇帝的诚意。

不管官员们如何猜测，要面对问题的人是唐睿宗。

唐睿宗非常了解自己的母亲是一个权力欲望极强的人，凡是阻碍她掌握权力的人，她都会不择手段将对方置于死地。

裴炎、程务挺都是活生生的例子，自己三个哥哥的下场更是他亲眼所见血淋淋的事实。虽然现在母亲已经年过六十，但身体健康，平日也从来没有厌倦政治的表现。

这时母亲突然表示要退居后宫，还政给自己，是怎么回事呢？唐睿宗左思右想，觉得母亲是在演戏，要试探自己是否会抢她的政治权力，如果自己不识相，要伸手接过政治权力，把母亲送到后宫，那么自己就有步三个哥哥后尘的危险了，那是多么可怕的事。

其实，他对政治权力确实没有兴趣，只想过平平稳稳、安静舒适的生活就好了。如果真的手握政治大权，要处理的事太多，要应付的人太多，那可烦死了。于是，唐睿宗有了决定，快速地去见武后。

唐睿宗见到武后，立刻恳求母亲不要退居后宫，要继续掌理朝政。唐睿宗态度诚恳，武后感到很满意，表示接受儿子的请求，继续临朝主政。

其实，武后的确是在试探唐睿宗，唐睿宗谦让的表现正合她的心意。

第二天，武后向群臣宣布，由于皇帝诚恳地请求她继续主政，她不得不接受皇帝的恳求，勉为其难，继续临朝主政。

经过这场表演，武后主持国家大政的理由似乎更正当，手握政治大权的基础更加坚固了。

于是，武后展开了消灭潜伏之敌人的大计划，那就是提倡和鼓励告密，希望借着告密，把藏在暗中的敌人挖出来。

有个叫鱼保家的人，徐敬业在扬州起事时，他也在扬州，为徐敬业制造兵器。徐敬业乱事平定，朝廷追查同党，鱼保家成了漏网之鱼，未被朝廷逮捕。

照常理来说，鱼保家应该躲藏起来，找个安全、偏僻的地方保家保命，但不知何故，他竟主动上书给武后，向她报告自己有一个"发明"。

鱼保家说，他设计了一个铜匦，铜匦内分为四格，每格的上方有一个小洞口，可以将书信、文件投入，投入后便取不出来，除非用钥匙打开铜匦底部的门。这种铜匦最便于接收告密的书信。

武后正烦恼不知如何开展告密的工作，鱼保家的上书让她十分高兴。铜匦正是她所需要的，她立刻命人照样制作。

铜匦很快就制作完成。四个格子漆成四种颜色，放在洛阳皇宫外朝房内。东面的格子漆成青色，叫"延恩匦"，专门收集求官的信件；南面的格子是红色的，叫"招谏匦"，收集批评时政得失的意见；西面为白色格子，叫"申冤匦"，收集申诉冤屈的投书；北面是黑色，叫"通玄匦"，收集有关天象灾变的资料和臣民向朝廷献计谋的文书。

这铜匦的四个格子表面上各自收集不同的书信，其实都是接收告密文书。任何人都可以去投书，这铜匦实在是"告密的大门"。

第十七章 告密与酷吏

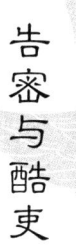

许多中央官员每天清晨去上朝,都要和家人诀别,对家人说:"不知能不能再相见。"带着永别的心情去上朝,这真是一个恐怖的世界。

告密的铜匦制作完成，被放置在皇宫外的朝房内，由五名门下省的官员负责看管。任何人都可以随时前来投书，负责看管的官员不得为难告密人，也不可以擅自开启铜匦，每天必须将铜匦送进宫中，在武后面前打开，所有的告密文书都经武后亲自批阅。

武后看过告密文书后，如果合心意，会赏赐给告密者官位。如果告密文书是指出犯罪的人和事，便交给官员查办；告密的事属实，武后会给予赏赐，纵使告密的事并非事实，也不对告密者加罪。

为了鼓励告密，武后颁下一道奇怪的命令：全国各地任何官吏和百姓如果要告密，可以先告知各州县衙门。告密者只要向州县衙门说："我要向朝廷告密。"不必说明要告什么密，州县衙门也不可逼问告密者所要告的内容，但州县衙门要为告密者提供交通工具，让他去到洛阳。从本州县出发到洛阳的一路上如有驿站，告密者可以夜宿驿站。驿站是唐朝政府在各交通要道上设立的招待所，专门招待中央和地方来往的官吏。由于唐代旅馆很少，所以驿站是必要的，可以让来往的官吏和马匹歇息。现在，武后下令告密者拿着本州县发的告密者身份证明就可以住进驿站，并且驿站还要供应五品官员等级的餐饮。

如此优渥的待遇，加上纵使诬告也不会获罪，当然会引诱许多人心动。不管是真的事或是编造出来的事，不妨都去告一密，反正可以享受一次免费的高级旅游。幸好唐代的人并不这么想。第一，当时人们较为淳朴敦厚，道德观念较强，人们不敢随意做诬陷式的告密。第二，当时人们的家族观念浓厚，做事常会想到对子孙后代有无影响，所以人们做了善事，就会被称赞"积善之家必有余庆"。这"余庆"就是指子孙们的福气。如果做了坏事，就会被骂"贻祸子孙"。于是人们做事不能只看对自己本身是否有利，还要多想一想，做这事对子孙是好还是坏。如果随意诬告，做伤天害理的事，自己虽然能得一点好处，但把祸留给子孙，这种事不能做。第三，唐代社会的讯息传递靠口耳相传。传播的速度很慢，而且影响力很弱。第四，古代的老百姓都很怕官，见了衙门就有恐惧感。告密不但要进州县的衙门，还要进洛阳中央的衙门，百姓就更加有恐惧感了。中国人喜欢平安就是福，把自己投到恐惧的坑里去，值不值得？真要三思而行。

由于上述四个因素，武后鼓励告密的措施虽然引来全国许多的告密者，但还不至于形成前呼后拥、你推我挤，把洛阳街道弄得水泄不通的景象。

武后提倡的告密风气，使全国的气氛紧张起来，因为谁也不知道什么时候有人会去告他。于是人心惶惶，人人自危，朝廷里和社会上弥漫着恐怖气氛。

告密措施一公布，立刻就有人来告密，称设计告密铜瓯的鱼保家曾帮助徐敬业制造兵器，是徐敬业叛乱集团的一分子。武后下令彻查，果然属实，于是将鱼保家处死。这个帮助武后推动告密工作的人成了告密措施之下的最早受害者，成了"作法自毙"的典型例子。

武后提倡告密，是想借着告密来了解社会状况和官员们有无违法失职，更重要的是要挖掘出那些隐藏在各个角落的反武分子。

告密者越来越多，身份复杂，所告的事和人牵连很广，需要官员来审理，于是，武后任命了一批心狠手辣的人来负责审理众多的告密案。在告密案中，武后最关心的当然是告有人反对她的案件。她要审理的官员严格追查，不可放过丝毫。这些审理告密案的官员便滥用权力，将案情有意扩大，以制造"业绩"，讨武后欢喜。当然就造成许多冤狱、许多无辜的受害者。这些审理官员就被人称为"酷吏"。

根据《旧唐书·酷吏传》的记载，武后时期的酷吏有二十多人，其中著名的酷吏有索元礼、来俊臣、周兴、侯思止、王弘义等。

索元礼是武后第一个重用的酷吏。索元礼是胡人，徐敬业兵败后，索元礼揣摩到武后想要消灭隐性敌人的心意，便上书告密，主张用严刑峻法来打击反对武后的人。武后觉得正合心意，便予召见，赏给索元礼游击将军的官职，专门负责审问洛阳附近的告密案件。索元礼性情残忍，为

第十七章 告密与酷吏

人凶暴狠毒，每次审问，都用严刑逼供，不但要被告认罪，还要被告牵连别人，被告受不了严刑的折磨，只好胡乱信口诬陷他人。因此，每审讯一人，都会牵扯数十人或数百人，被索元礼冤枉陷害而被杀的人多达数千人。

来俊臣是酷吏中最有名、最可怕的人。来俊臣是长安人，父亲来操是个赌徒。来操和同乡蔡本的

《旧唐书》对酷吏的记载

妻子私通，就引诱蔡本赌博。蔡本输给来操很多钱，还不上来，来操就逼他用妻子来抵偿赌债。于是蔡本的妻子就被来操接收，不久，生下了一个男孩，便是来俊臣。来俊臣生性凶狠阴险，从小最善于说谎骗人，到处使诈，坏事做尽。曾因为诬告别人，他被和州刺史东平王李续识破，被责打。武后提倡告密，来俊臣大喜过望，告密是他最喜欢的事，可以报仇，可以害人利己。于是他赶紧跑去告密，向武后密告当年豫州、博州有谋反计划，他去告发，被东平王李续指为诬告，反将他责打。武后认为来俊臣忠心可嘉，赏赐他侍御史的官职，后来又升为御史中丞，掌管告

密案件。

来俊臣阴险狠毒，每次审问囚犯，先把各种各样的刑具陈列在堂前，给囚犯先看。囚犯见到那些可怕的刑具，无不魂飞胆丧。不论被诬告什么罪名，不论来俊臣要他诬陷何人，囚犯也都照样签名认罪。武后见来俊臣审的案子囚犯都认罪，而且每个案子牵连的人数都很多，便认为来俊臣会办事，常常给予赏赐。

看到索元礼、来俊臣经常得到武后赏赐，其他的酷吏便纷纷效法。他们努力制造新的刑具，努力将案子不断扩大。在酷吏心目中，诬陷的人越多，"业绩"就越好。他们只求私利，道德和良心全都不存在。这些酷吏已经失去了人性，他们只是一群野兽。

这些酷吏仗着有武后撑腰，任意将案情扩大。不仅一般老百姓无辜遭殃，政府官员不论小官或大官，随时都可能遭酷吏逮捕下狱，甚至有些官吏在上朝的路上突然被逮捕，然后就音讯全无。家人急得像热锅上的蚂蚁。过了几天，全家人都被酷吏逮捕，从此永不回来了。没有人知道这家人犯了什么罪，亲戚朋友都不敢去查问，因为生怕一查问就惹祸上身。

洛阳地区是酷吏最活跃的地方，也是人心最不安的地方。许多中央官员每天清晨去上朝，都要和家人诀别，对家人说："不知能不能再相见。"带着永别的心情去上朝，这真是一个恐怖的世界。

第十八章
酷吏设计酷刑

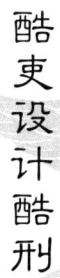

酷吏们为了逼迫被告认罪,『发明』了许多残酷的刑具。

武后推动恐怖政策，鼓励告密，重用索元礼、来俊臣。于是，许多没有品德的小人纷纷效法索元礼、来俊臣。

有一个人叫侯思止，家境贫穷，做过卖饼的小贩，也在富贵人家做过仆人，没有固定工作，生活困苦。他很想摆脱贫困，羡慕那些富贵之家的生活，可是他并没有任何才干可以使他实现梦想。有一天，侯思止接到一个在恒州做小吏的朋友来信，这个朋友说他被恒州刺史裴贞用杖责打了一顿，受伤不轻，要侯思止替他报仇，信中还说裴贞和舒王李元名有勾结，密谋反叛朝廷。侯思止得到这封信大喜过望，现在朝廷不是在鼓励告密吗？索元礼、来俊臣不是由于告密而得到官职吗？告密实在是一个出头的好办法，何不借这个朋友提供的消息，也去告密，或许可以升官发财。可是，侯思止根本不认识裴贞，对舒王李元名更是听都没听过。他独自静静思考，开始编造一个恒州刺史裴贞和舒王李元名勾结谋反的故事。其实，侯思止完全不了解官场人物之间的关系，也不了解上层社会人际交往的原则，所以，他所编的故事漏洞百出。侯思止利欲熏心，全不顾良心，决定去告密。但他不识字，便请人代写一封告密信，投入铜匦中。

武后看到侯思止的告密大为高兴。她早就想找机会剪除李唐皇室的宗族，侯思止告舒王李元名正合心意，她立刻把这告密案交给酷吏周兴查办。

周兴接到命令，即刻逮捕舒王李元名。在酷刑逼迫之下，李元名承受不了，只好照周兴的指示，承认自己谋反。武后裁定废去李元名的王号，将其流放到和州。李元名的儿子豫章王李亶则被处死。

武后很满意周兴的办案，又想起告密人有功，该给予奖赏，于是召见侯思止。

侯思止本是低贱之人，何曾到过皇宫，更不曾见过比皇帝还更有权威的太后，所以奉召入宫，心里七上八下，相当恐惧。他怕如果武后问起告密案，自己会说得漏洞百出。因为舒王李元名的谋反事件全是他编造出来的，他连李元名是怎样的人都不知道，哪里知道怎么谋反？

幸好武后见到侯思止，完全不问案情，只是夸奖了他。武后说："叛逆李元名已经被治罪，裴贞全家族也都被处死了，这都是你的功劳，不可不赏。朕赏你游击将军之职，官居五品。"

侯思止跪在地上叩头谢恩，内心的喜悦像飞上天的老鹰，想做官的梦真的实现了，从此可以脱离穷困，不再被人看不起了。

侯思止不停地磕头，慢慢发现武后坐在宝座上正在微笑，似乎在观赏他一副乡巴佬笨拙的样子。他这时胆子放大了，贪婪之火又烧起来，便对武后说："小人告的案子是很重大的，陛下赏我游击将军，小人不知道这游击将军是做什么事的，陛下的赏赐好像太少了一点。小人知道御史是可以管文武百官的，陛下可不可以赏给我一个御史的官职，小人可以为陛下看管文武百官。"

武后问侯思止："听说你没念过书，不识字。可是御史的职掌有监察和检举文武百官之权，必须精通文史、了解律令。你连字都不认得，怎么当御史呢？"

侯思止回答道："陛下知道獬豸这种神兽吧，它虽然不识字，却能分辨好人坏人，它会用头上的角去触撞邪恶的坏人。小人家境贫穷，从小没念过书，但小人对陛下是一片忠心，会像獬豸那样，为陛下消灭邪恶的坏人。"

武后看出来侯思止是个贪得无厌、凶狠阴险的家伙。她现在推动恐怖政策，正需要这类角色作为工具，于是，任命侯思止为侍御史。

一个不识字的人竟当了侍御史，是历史上从未曾有过的事。这立刻成为政府官员们谈论的话题，不知道这是武后聪明睿智的新突破，还是政治的悲哀！

接着，武后将一幢谋反者的住宅赐给侯思止。侯思止不肯接受，说："小人在洛阳没有房子，但宁可露宿，也不住叛逆人的房子。"

武后听了十分高兴，更加信任侯思止。

酷吏们为了创造更好的成绩来讨好武后，在暗中收养了几百个流氓无赖，分布全国各地。当酷吏们揣摩到武后对某人不满意时，便令各地的无赖同时对那人提出告密，所诬陷的罪状都一样。被告有口难辩，武后也会认为被告罪证确凿。来俊臣和酷吏万国俊、朱南山等编写了一部《罗织经》，告诉那些无赖门徒们如何网罗无辜，如何编织被告谋反的故事，如何把告密事件扩大，如何把被告的罪名加重；在审问时，如何由一个被告牵连千百人。这部《罗织经》实在是"害人经"，教人如何做坏事，如何诬陷害人。可见这些酷吏实是丧尽天良的魔鬼。

酷吏们为了逼迫被告认罪，"发明"了许多残酷的刑具，最著名的刑具有十种，酷吏们给这十种刑具取名为定百脉、喘不得、突地吼、着即承、失魂胆、实同反、反是实、死猪愁、求即死、求破家。这十种刑具的样式已经失传，但看刑具的名称就可以猜想到那一定是极为残忍的。

除这十种可怕的刑具之外，还有其他刑求的方法。像"凤凰晒翅"，是把犯人绑在柱子上，双手双脚用绳子绑紧，将绳子向四个方向猛拉，让犯人手脚关节都脱落；像"玉女登梯"，是将犯人绑在梯子上，用绳子将犯人头发束起来，将绳子向后拉，犯人只得不断向后仰，最后头皮撕裂、颈骨折断。还有一种刑求是在犯人头上套上一个铁环，然后把铁环不断束紧，让犯人头痛欲裂、双眼突出。有时酷吏们除用刑之外，还采用疲劳审问法，日夜不断审问，不准犯人睡觉；又常对犯人以醋灌鼻，或叫犯人跪在碎石之上，或在犯人身边堆积粪便，或断绝犯人的食物。

武后在洛阳皇宫的丽景门旁设置"推事院"，就是法庭。推事院里有监狱，可以囚禁犯人，武后专令来俊臣在推事院审判告密案。凡在丽景门受来俊臣审判的人，几乎都保不住性命，于是有人戏称丽景门为"例竟门"。这是说凡入丽景门的人，例（照例）皆竟（完了、死亡）也。所以丽景门不是风景美丽的门，而是令人恐怖的"鬼门"。

酷吏们由于有武后的撑腰和纵容，气势凌人，诬陷罪名，任意逮捕人。官员无不恐惧，不知何时会祸从天降。酷吏们愈来愈胆大，任何大官都敢加害。地官侍郎（户部尚书）狄仁杰也被诬告谋反，案子由来俊臣审问。来俊臣把可怕的刑具陈列出来。狄仁杰看到这些刑具，心想若不认罪，必然受到酷刑，熬不过酷刑将会冤死，不如先认罪，再设法申冤。于是，狄仁杰承认谋反。来俊臣没想到狄仁杰如此爽快认罪，大为高兴。按照来俊臣的规定，认罪者可免用刑，直接关进监狱，同时将判决送呈武后裁决后执行。

狄仁杰官居户部尚书，地位崇高，平日深受文武官员和百姓们的尊敬。狱卒们对狄仁杰也有敬畏之心，现在他既然已经认罪，遂不甚戒备。狄仁杰以计骗得笔墨，书写鸣冤状，密藏在换洗的衣服内交给家人。家人到皇宫呼冤。于是武后亲自召见狄仁杰："你既然是冤枉的，为什么承认谋反呢？"狄仁杰回答道："如果不承认，早就死在刑具上了。"武后说："你谋反的自白书把谋反的经过写得清清楚楚。"狄仁杰回答道："臣没有写过什么自白书，那一定是伪造的。"其实，武后心里明白狄仁杰是冤枉的，便免去他的死刑，贬为彭泽县令。可见，武后明显在袒护酷吏，因为酷吏还具有利用的价值。

第十九章 圣母神皇

从五月到七月,武后的一连串作为,明显地表示她的企图,尤其『圣母神皇』的尊号,更赤裸裸地显示她即将正式成为『皇帝』。

垂拱四年（688年）四月，武后在皇宫里接见一个叫唐同泰的老百姓，因为唐同泰要向武后呈献一块石头。

这块石头是白色的，表面光滑，晶莹剔透，像是一颗大型的鹅卵石。石头上刻着八个字："圣母临人，永昌帝业。"

这八个字是用篆书写的，笔法苍劲有力，是用阴文（即文字凹进去）的方式刻出来的。凹进石头的八个字是暗红色的，和洁白的石头对比，红白辉映，给人强烈的印象。

唐同泰向武后报告这块白石头的由来："不久前的一天，小人到洛水去游玩。这是暮春时节，天气晴朗，蓝天白云，遍地翠绿，风景十分优美。小人一个人独自在洛水边漫步，到了傍晚，觉得有点疲倦，就靠在一棵垂柳下休息，闭目养神，在蒙眬中，忽然听到一个奇怪的声音，好像有东西在空中快速飞行，发出嘶嘶的响声，接着'扑通'一声。小人赶紧睁开眼睛，看到一道红光从天而降，这红光直射到河上，激起了一团水花。在水花中，小人看到一个白色的物体，慢慢沉到水底。过了一会儿，水面平静了。小人很好奇地站在河岸边，心里想这从天而降的东西到底是什么，于是脱了衣服，潜入河中，默想刚才那东西坠落的地点，游了过去。忽然，小人眼前一亮，在水底发现一个光芒四射的东西。小人伸手去摸，原来是一块白色石头，拿上岸来，发现石头上有八个字。小人略略识字，见这'圣母临人，永昌帝业'八个字，似乎正是指太后，这是天意要陛下创立帝业的指示。所以小人特来把这天赐的吉祥呈献给陛下，愿陛下顺应天意，让全民蒙福，天下太平。"

听了唐同泰的报告，武后心里高兴极了。她立刻将这块石头命名为"宝图"，封唐同泰为游击将军。

其实，这块石头原是武后的侄儿武承嗣为了讨好武后而造出来的，私下里找到一个利嘴滑舌的唐同泰，要他去献宝。唐同泰在武后面前报告的得到白石头的经过，全是编造出来的鬼话。

这块白石头和唐同泰的鬼话正是武后想要的东西。五月，武后下诏书宣布自己将在十二月亲自拜洛水接受"宝图"，举行告天仪式。礼毕，在新建完成的明堂接受群臣朝贺，命各州刺史、都督和宗室、外戚都要在拜洛水之前十天齐集神都洛阳。

接着，武后为自己加尊号为"圣母神皇"。

七月，武后大赦天下，将"宝图"改称"天授圣图"，将洛水改称"永昌洛水"，封洛水神为显圣侯，禁止人民在洛水捕鱼和垂钓。

从五月到七月，武后的一连串作为，明显地表示她的企图。尤其是"圣母神皇"的尊号，更赤裸裸地显示她即将正式成为"皇帝"。这种情势让李氏宗室诸王深深感到不安。

宗室诸王效忠的对象当然是唐王朝,如果武后做了皇帝,天下成了武家的天下,宗室诸王的地位当然就消失了。所以他们必然拥护李家政权。正由于宗室诸王不会同意李家以外的人做皇帝,所以他们成了武后称帝之路上的大障碍。

武后重用酷吏来消灭政敌,其中最重要的一群政敌就是李唐王朝的宗室诸王。

唐高祖李渊有二十二个儿子,唐太宗李世民有十四个儿子,他们都封了王,而且在全国各地担任地方长官,就是刺史或都督。

在宗室诸王中,有不少是平庸无能之人,但也有几个是有才能的。

例如,唐高祖的第十一个儿子韩王李元嘉好学,欢喜读书,家中藏书万卷。

唐高祖的第十四个儿子霍王李元轨是个多才多艺的人,不但文才出众,武艺也很高。李元轨曾经陪同唐太宗出去打猎,遇到一群野兽。唐太宗命李元轨射杀。李元轨拿起铁弓,箭无虚发,射死很多野兽,唐太宗大为赞赏。

李元轨关心国家政事,在唐太宗和唐高宗时,都曾上书净谏。唐太宗曾问群臣,宗室子弟中谁贤能。魏徵立刻推举李元轨。唐太宗完全认同。

李元轨先后担任过绛州刺史、徐州刺史，在做地方官时潜心读书，谨慎小心，谦虚有礼，绝不滥用权势。

此外，唐太宗的第八个儿子越王李贞、第十个儿子纪王李慎也都精通文史，得到人们的推崇。

宗室诸王是武后心目中的政敌，他们自己也知道。当武后重用酷吏，施行恐怖政策时，宗室诸王人人都感到不安，因为他们也随时都会被酷吏诬告而陷入大祸。

这种惶恐的心理当然让宗室子弟想到自保，于是有人开始计划反抗武后，保护李家政权。

垂拱四年（688年）七月，韩王李元嘉的儿子——通州刺史李撰写了一封信给越王李贞，说："内人病渐重，恐须早疗。若至今冬，恐成痼疾。宜早下手，仍速相报。"

这信所用的是暗语，意思是说：我们的情况已经愈来愈严重了；如果不早点想对策，到了冬天，恐怕就不能挽救了，所以要及早行动，我们要赶快联络。

李贞接到李撰的书信，心领神会，但并没有积极地行动。

这时，由洛阳传来消息，武后命宗室诸王到洛阳去，因为洛阳新建的明堂即将落成，要在明堂举行祭祀先王的大典。

李元嘉听到这个讯息，就放风声说，这是武后所设的圈套，准备在行祭祀典礼时，令人告密，将宗室诸王一网打尽。

这个风声很快传到所有宗室子弟耳里,使宗室诸王十分惊恐,大家不知道这传言是否真实,但以武后手段狠毒的事例来推论,那是极为可能发生的事。

宗室诸王极端地焦虑不安。

李撰也得到这个讯息,便伪造了一道唐睿宗的诏书,遣密使送到博州,交给琅琊王李冲。

李冲是越王李贞的儿子,当时担任博州刺史。李冲好文学、善骑射,和李撰常有来往,关系密切。

这道假诏书说:"朕被幽禁,王等宜各发兵相救。"

李冲早就对武后存有反感,也假造了一道唐睿宗的诏书说,太后欲倾覆李家社稷,将国家移到武氏手中。

李冲利用这两道假诏书作为号召,命令博州长史萧德琮等人招募士卒,准备起事。

同时,又派人分别告知韩王李元嘉、鲁王李灵夔、霍王李元轨、越王李贞、纪王李慎等,要他们各自起兵接应,共同进军洛阳。

这时,李冲已在博州招募了五千多人。他认为既然已和诸王联络,只要自己首先发难,大家一定会起来响应。于是他迫不及待地领着五千士兵渡过黄河,准备攻打济州武水县。

武水县是个小城。县令郭务悌眼见县城里兵力单薄,恐怕难以抵挡,便向邻近的魏州求救。魏州莘县县令马玄素亲自领兵一千七百人进入武水县,协助守城。

李冲的军队攻打武水县，攻了几次，都未能攻破。李冲想用火攻，结果也失败。

出兵第一仗，连一个小小的武水县都攻不破，几天下来，李冲的军队士气低落。李冲见情势不妙，便想出一个策略。

在军中有一个军官叫董玄寂，曾反对起兵，董玄寂对李冲说："你和国家交战，就是造反。"李冲认为董玄寂在打击士气，便在军营中，当着全体官兵的面将董玄寂斩首。

李冲以为杀董玄寂可以杀一儆百，提振低落的士气。不料，他的举动使兵士们更加恐惧。兵士们想，还没杀敌人，先把自己的将领杀了，这个领袖真是残忍。

李冲的军队是临时招募来的，没有经过训练，没有纪律。那天晚上，李冲在军营的帐篷里睡了。兵士们趁黑夜一个一个开溜了，五千人只剩下几十个家僮。李冲醒来，发现竟置身空营，只得带着家僮回转博州。

博州城留守的官兵已经知道李冲假造皇帝的诏书起来反叛朝廷的真相，见到李冲只带几十个人狼狈而回，显然大势已去。他们不愿背负叛逆的罪名而送命，于是，开城门迎接李冲回来，然后乘其不备，将他杀死。

过了不久，酷吏丘神勣奉武后之命带领军队来到博州。博州的官兵们身穿白衣跪在城门外，迎接丘神勣，说，叛贼李冲已被他们杀了，请求将功折罪。

丘神勣是个凶狠残酷的人。他见李冲已经被杀，自己岂不是失去一次立功的机会，于是下令军队将博州所有的官员和军人统统杀光，博州血流成河，惨不忍睹。丘神勣派人将李冲的人头送往洛阳，宣称大获全胜，平定博州之乱。

第二十章 消灭李氏诸王

武后对李唐宗室子孙大开杀戒,获得大胜。她踏着李唐皇族的尸体,一步一步走上皇帝的宝座。

琅琊王李冲在博州起兵时，宗室诸王有的来不及准备，有的犹豫观望，并没有响应。越王李贞是李冲的父亲，他不能袖手旁观，乃起兵响应。李贞私自养了家僮千余人、战马数千匹，用家僮和战马就可以打仗。

唐朝马球图

李贞的第一个目标是攻打上蔡县。当攻入上蔡县时，他接到李冲兵败的消息，惊吓得不知所措。

李贞觉得这场战争打得一点把握都没有，自己凭着一千多个家僮要和朝廷大军作战，那真是以卵击石，难以取胜，后果不堪设想。想来想去，觉得不如罢战休兵，亲自到洛阳去请罪，那才是一条生路。

当李贞正准备去洛阳时，新蔡县令傅延庆率领了两千军士前来投效李贞。

当傅延庆看到李贞一副垂头丧气的样子，正准备到洛阳向武后请罪，便对李贞说："下官率兵前来，是想协助大王共图大事，怎么刚刚起兵就退缩了？"

李贞红着脸，低头说不出话来。

傅延庆继续说："大王意欲亲到洛阳请罪，实在是糊涂得很。大王今天的行为已是叛逆的大罪，那武氏心狠手辣，对敌人从不留情，岂会赦免大王呢？何况琅琊王已经被杀，大王能忘记这杀子之痛吗？"

李贞很惶恐地问道："依你之见，我该怎么办呢？"

傅延庆道："如今之计，只有拼死一战，此外别无生路。诸王都在看着大王的表现。如果大王高举义旗，奋勇杀敌，诸王一定会纷纷响应，匡复社稷的大事必定成功。"

李贞听了傅延庆的话，觉得有道理，决定继续用武力去讨伐武后。李贞一方面隐瞒住李冲被杀的消息，对外宣称李冲连战皆捷，不久就会攻到河南来；一方面重组自己的军队。

李贞这时已有兵将七千多人，他将兵马分为五营，任命将领分别统领各营兵马，又任命九品以上的官员五百余人，俨然一副小朝廷的样子。

不过，李贞的"小朝廷"有个大问题，那五百多个被任命的官员都不是心悦诚服地跟从李贞起事的。他们只是住在蔡州，被李贞控制，不得不听命。他们不会为李贞拼命，他们缺乏斗志。

此外，李贞是一个十分迷信的人。他找来许多和尚、道士，在军中念经，又给每个士兵发一个护身符，希望神明保佑他们打仗胜利。

李贞部署完成，前线快马来报，洛阳朝廷已派了大将军麹崇裕率领十万大军前来讨伐，离蔡州城只有四十里。李贞赶紧命小儿子李规和女婿裴守德前去迎战。李规和裴守德很快就被打败，逃了回来。

李贞十分恐惧，下令把蔡州城门全部关闭起来。中央大军把蔡州城团团围住。城里的人趁着黑夜，在城墙上垂下绳索，纷纷沿着绳索爬出城去，投降归诚。城里军心涣散，人心惶惶。

见李贞大势已去，家僮和士兵一哄而散，各自逃亡。李规把母亲勒死，然后服毒自杀。裴守德和妻子也双双自杀。

麹崇裕的军队轻易地就进了蔡州城，将李贞、李规父子和裴守德等人的头割下来，送到洛阳去报捷。

琅琊王李冲起兵七天就失败，越王李贞起兵二十天失败。这场代

《旧唐书》对李贞的记载

表李唐宗室反抗武后的战争像一根火柴，火柴点着了，但没有引起其他对象燃烧。

火柴本身很快就烧完了，火也就熄了。

李冲和李贞迅速惨败是有原因的：

第一，李冲和李贞在起事之前都没有战略规划。没有作战计划，所以造成没有目标地乱打。这种没有计划的战争注定失败。

第二，缺少军事人才。李冲和李贞都是生活在锦衣玉食的环境中，他们本身不是能干的军事领袖，他们的军队又缺少精通谋略、勇敢善战的将领，在战场上无人能指挥、统御军队，所以，遇到敌军，怎能不溃退！

第三，李冲和李贞招募来的军队都是乌合之众，没有训练，缺乏纪律，士气低落。这种军队一定不能作战，遇到风吹草动，就会一哄而散。

第四，李冲在起事前要求分散各地的宗室诸王同一时间举兵，然而诸王没有响应。一方面是因为诸王绝大多数是平庸无能之人。举兵反抗朝廷是极危险的事，平庸无能的人往往缺乏冒险性，所以不敢响应。另一方面，诸王手上并没有强大的军队。他们自觉力量单薄，所以不能响应。李冲、李贞得不到诸王的支持，很快就力竭而终了。

第五，李冲、李贞的起事得不到民众的支持。在武后专政时期，国内经济繁荣，人民生活安定，虽然有酷吏横行，但恐怖政治主要的受害对象是政府官员和有势力的世家大族。一般老百姓还感受不到酷吏的威胁，大体上社会大众对朝廷和武后并没有什么恶感。所以，当李冲、李贞起来反抗武后时，民众不会热情地拥护，更不愿意加入反抗的行列。这不像明朝末年，经济困窘、社会混乱、民生痛苦，李自成、张献忠登高一呼，成千上万的民众纷纷加入。可见李冲、李贞起事之时，没有一个有利于武力反抗的环境。

李贞和李冲父子的乱事，让武后觉得，这正好是一个铲除李唐宗室势力的大好机会。

于是她令监察御史苏珦查办韩王、鲁王等宗室诸王中的年长者是否和李贞、李冲通谋。苏珦查案后向武后报告，韩王、鲁王等没有和李贞、李冲通谋的证据。

这时有人告密说苏珦与诸王通谋。武后召苏珦来诘问。苏珦说："陛下承先朝付托，应以仁恕为心。诸王的确未与叛逆李贞、李冲通谋，怎能把他们强行拉进逆案之中呢？"

武后看看苏珦一副忠诚、老实的模样，真是一个书呆子，完全不能体会自己的心意。武后也不想为难他，便微笑着说："卿乃大雅之士，不适合来办案子，朕给你换一个工作，你就不要再办这案子了。"

于是，武后改派周兴来查办此案。周兴是有名的酷吏，接办此案，立刻大展身手，发动告密，伪造证据，尽量罗织，要将唐朝的宗室和与宗室有关联的人一网打尽。

在酷吏们铺天盖地的罗织下，李氏宗室几乎全部遭殃。韩王李元嘉、鲁王李灵夔、霍王李元轨（以上均为唐高祖之子）、江都王李绪（李元轨之子）、黄国公李撰（李元嘉之子）、东莞郡公李融（唐高祖之孙）、济州刺史薛顗（唐太宗女儿城阳公主之子）、常乐公主（唐高祖之女）全以谋逆罪名被杀或被逼自杀。他们的家人，有的被杀，有的被囚禁，有的被流放到边远地区。

唐高宗的弟弟纪王李慎胆小谨慎。李贞起兵前要李慎响应，他予以拒绝。但李慎也被酷吏诬陷，关入监牢。原要斩首，临刑时获武后赦免，囚入槛车，流放岭南，半路上突然死了，死因不明。甚至武后的女儿太平公主的丈夫薛绍也遭毒手。

薛绍的哥哥薛顗因参与谋反被杀。薛顗的两个弟弟都被酷吏罗织。薛绍是武后的女婿，薛绍的荣华富贵是因武后而获得，他反叛武后有什么利益？所以指薛绍谋反不可思议。不过，武后念薛绍是自己的女婿，特免他死罪，改为责打一百棍，关大牢囚禁。酷吏们断绝薛绍的饮食，过了几天，薛绍在监狱里饿死了。

李贞、李冲反叛事件后两年的，是武后借酷吏之手对李唐宗室子孙大开杀戒的时候。唐高祖、唐太宗的子孙几乎被杀光，只有少数幼弱者被流放到边远的蛮荒之地。

唐高宗的儿子除了唐中宗、唐睿宗之外，几乎都不能幸免，甚至连已故太子李贤的儿子，也就是武后的孙子也惨遭毒手。

在中国历史上，一个女人杀害夫家的亲族如此众多，如此残忍，是绝无仅有的。武后获得大胜。她踏着李唐皇族的尸体，一步一步走上皇帝的宝座。

第二十一章 公正的狄仁杰

狄仁杰有丰富的法律知识和办案经验,又有一颗忠恕仁爱的心,在大理寺获得了很好的名声。

当酷吏横行之时，中央政府的三个司法机关（俗称三法司，即刑部、大理寺、御史台）仍有几个正直公正的官员。他们秉持法理、道德和良心办案，不与酷吏同流合污，其中最有名的是徐有功、杜景俭、李日知、狄仁杰。

徐有功曾审判一件告密案，该案是酷吏的爪牙诬告，而且牵连数百人。徐有功仔细审查，发现被告全是冤枉的，被人编造犯罪经过，伪造证据，于是数百人得判无罪。有一次，在上朝时，徐有功为一件冤狱案件力争。武后声色俱厉地问徐有功。左右官员都因害怕而心惊胆战，徐有功却神色不变，仍然据理力争。武后知道徐有功是个正直的人，不但没有计较他违反旨意，而且对他更多了一分尊敬爱惜之心。酷吏们对徐有功恨之入骨，因为徐有功常常破坏酷吏们的"好事"。于是，酷吏们三次发动爪牙诬告徐有功，徐有功三次都被审问的酷吏判了死刑。武后三次都下诏书赦免了他。徐有功得知被判死刑，一点也没表现出忧虑的样子。徐有功被赦免，也没有露出高兴的样子。有人把徐有功这种不忧不喜的表现报告武后。武后非常佩服，命令徐有功官复原职，对他又增加了几分敬重。当时社会上流传一句话："遇徐杜者必生，遇来侯者必死。"意思是说，那些被诬告的人如果是由来俊臣、侯思止审问，必定被冤枉判死刑，如果是由徐有功、杜景俭审问，必定洗刷冤屈得活命。另外一个好官是李日知。李日知和胡元礼同在刑部。有一天，两人为一件告密案发生争执。胡元礼不是酷吏，但也不是一个头脑清楚的人。李日知则办案仔细，讲究证据。两人为这案子争执了很久。胡元礼说："元礼不离刑曹，此囚终无生理！"李日知说："日知不离刑曹，此囚终无死法。"两人一直吵闹到武后面前。武后知道李日知是个刚正的人，就裁示李日知获胜。

狄仁杰也是当时有名的好官。狄仁杰字怀英，是今山西太原人，博通经文，是个有学问的人。唐太宗贞观年间，由于工部尚书阎立本的举荐，授官并州都督府法曹，办理审判司法案件，积累很多办案经验。唐高宗仪凤年间，担任大理寺丞。大理寺是中央三个司法机关之一，负责中央的司法案件审判。狄仁杰为人正直而且清明，办案快速又不枉不纵。他有丰富的法律知识和办案经验，又有一颗忠恕仁爱的心，所以在大理寺获得了很好的名声。大理寺有许多堆积未审的案件，那些积案的被告都被关在监狱里。有些被冤枉的被告也同样在监狱里度过漫长的岁月。狄仁杰发挥了他勇于任事、认真负责、迅速办案的精神，不眠不休，将大理寺成年累月积压下来的案件一一审理完毕。那些被判无罪得以从黑牢里释放出来的人当然万分感激；那些被判了刑的人也都口服心服，没有一个人喊冤。

狄仁杰在大理寺办了一件轰动朝野的案子。武卫大将军权善才误砍伐了唐太宗的墓园——昭陵的柏树。唐高宗大怒，下令将权善才斩首。狄仁杰认为权善才罪不至死,只能判免职。唐高宗很不高兴狄仁杰的判决,便召了他来,责问道:"权善才砍伐先帝陵墓上的柏树,是使我不孝,必须立刻斩首。"

狄仁杰从容不迫地回答道:"臣听说违逆人主,自古都是困难的事,但我却不以为然。在暴君桀、纣的时候,敢于违抗人主旨意是很难的事。在明君尧、舜的时候,敢于违抗人主旨意则是很容易做到的事。臣感到幸运的是,我现在侍奉的是尧、舜那样的明君,因此不担心像比干一样因诤谏而被杀。陛下颁布的法律,流放和死罪都有明确的规定,怎么能把一个没有犯死罪行为的人处死呢?如果法律的规定都不可信,那么天下人该遵循什么呢?砍伐陵墓的树木,在法律上明定不是死罪。如果陛下觉得砍伐陵墓树木的行为要判死罪,请陛下修改法律,从今天开始施行。臣之所以不敢奉命将权善才斩首,是因为恐怕陛下明明是有道的圣君却因为这件事被后人误指为无道的恶名。臣斗胆违背陛下的旨意,恳请陛下三思而行。"

狄仁杰的话语有两个层次,先是捧皇帝,说皇帝圣明,再指出皇帝的错误。这种两层式的论述,正是唐太宗贞观年间群臣向唐太宗诤谏的模式。试看贞观年间最欢喜诤谏的大臣魏徵,对唐太宗诤谏时也是采用先捧后谏的说法。其实,一个人如果用单刀直入的方式直接指出另一个人犯错,那个被指责者会觉得自尊心或面子受损,为了维护自尊心或面子,常会坚决不认错。先夸奖、再指正的方式给被指责者留了面子，因此容易被接受。果然，唐高宗听进去了狄仁杰的话，认为狄仁杰讲得有道理，不再生气，同意他的判决，免除权善才的死罪。

不久，唐高宗拔擢狄仁杰为侍御史。狄仁杰的判案公正和胆识勇气被朝野上下传为美谈。

越王李贞之乱平定后，武后任命狄仁杰为豫州刺史，去豫州调查李贞的余党。在狄仁杰到达豫州之前，宰相张光辅已奉命带领兵马到了豫州，并且在豫州逮捕了六七百人，还准备将五千多人的财产没收。当狄仁杰赶到豫州，发现张光辅滥捕无辜，便命人解除了那些被滥捕的人的枷锁，并且立刻上奏章给武后。狄仁杰在奏章里说："现在豫州监狱里关满了人犯，臣经过审问调查，发现大多数是被冤枉的，请给他们赦免。臣的请求，好像是在帮囚犯求情，其实是为陛下打算。因为如果我缄默不语，让这些人含冤而死，就会违背陛下体恤百姓的圣意，所以上表陈述，请求不要滥杀无辜。"

武后深知狄仁杰是公正无私的人，便下令豫州被捕的人全部免死，发配他们到边疆去戍守。

这批死里逃生的人经过宁州，发现狄仁杰曾担任过宁州刺史，在宁州施行很多善政；离职时，宁州百姓为狄仁杰立了一块德政碑。这些人见到德政碑，跪在碑前痛哭流涕。他们在德政碑前停留了三天，才继续上路。到了边疆戍守之地，他们也立了一座石碑，感谢狄仁杰救他们一命的恩德。

狄仁杰释放囚犯的时候，宰相张光辅还在豫州。他的军队自恃是奉命来平乱的。军士们自傲自大，盛气凌人，军纪很坏，经常向百姓强行索取财物。百姓们不满，向刺史狄仁杰报告。狄仁杰下令军士们不得胡作非为。军士们便向张光辅诉说狄仁杰的坏话，还加油添醋地说狄仁杰看不起张光辅。

张光辅听了军士们的诉说，心中大怒，便找狄仁杰来，厉声地责问："我现在是统领大军的元帅，你不过只是豫州刺史，你为什么看轻我？"

狄仁杰不慌不忙地回答："我并没有看轻你。我是豫州刺史，要为豫州百姓的生活着想。你率领十万大军来平李贞之乱。现在乱事已经平定了，罪魁祸首也死了，你和你的军队却不停止杀戮，又到处掳掠百姓、勒索财物。无罪之人多遭杀害，豫州又面临一场灾难。这种情形，岂不是一个越王李贞死了，又生出一万个越王李贞来吗？你怎么可以放纵部下，滥杀乱抢？这样下去，会造成民怨沸腾，社会不安。我奉命来豫州是要为民除害，安抚百姓，我岂能眼看你的部下为非作歹而不管！"

狄仁杰的话义正词严，张光辅无话可说，只能在心里暗暗地记恨。

张光辅回到洛阳后，向朝廷奏了一本，诬指狄仁杰违抗圣旨、专断独行。于是，朝廷下令将狄仁杰调离豫州，到比较偏远的复州当刺史，以示惩罚。

第二十二章 面首薛怀义

冯小宝进了宫。武后对冯小宝的服侍十分满意。于是，冯小宝成为武后的面首。所谓面首就是男宠、男妾的意思。

洛水穿过洛阳城，从西南流向东北，把洛阳分隔成南北两部分。洛水北岸又分为东西两区。西区是皇城，就是皇宫和中央政府各机关的办公处所。东区则是百姓和官吏们的住宅区。南岸全部是百姓的住宅区。

唐代的大都市，商店集中在一个区域而不是每条街道都可以开店做生意。商店集中的区域称为"市"。洛阳的东北区有一个市场，称为"北市"。洛水南岸则有"南市"和"西市"。在市场中有各种商店，其中有些商店是外国人开的，包括中亚细亚人、伊朗人和阿拉伯人等。除商店之外，市场里有许多摊贩，贩卖各种各样的东西，从烧饼、药材到珍宝都有。

在北市里有一个卖药材的摊贩，名叫冯小宝。别以为名叫小宝一定是个弱小而可爱的小男生，这个冯小宝是一个体格健壮的大男人。他的肌肉结实，身材壮硕，很像个运动员。有一天，冯小宝在市场上摆了摊子，这时，来了一个穿着华丽、身后跟了好几个丫鬟的贵妇。这贵妇来到摊子前，也不看货物，却盯住冯小宝仔细观看。冯小宝心里觉得奇怪，就上前问贵妇："夫人想买什么？请随意挑选。"贵妇笑一笑，说道："我不买东西。我想请你到我家来，我有话要问你。"

冯小宝不认识这贵妇，也不知道她要问他什么。看看这贵妇的打扮和跟随的丫鬟，一定出自富贵人家，也许这贵妇要买大批珍贵的药材，可能要有一笔大生意。于是，他赶紧收了摊子，跟随贵妇回去。

这贵妇可真是大有来头，她是千金公主。千金公主是唐高祖的小女儿，唐太宗同父异母的妹妹，唐高宗的姑姑，是个很能见风转舵、善于自保的人。她眼见武后权势日盛，便借机亲近她。她揣摩武后的心意，极尽巴结献媚之能事，甚至请求做武后的女儿。于是，她深得武后的欢心。终于，武后收千金公主为女儿，而且让她改姓武。在武后大杀李唐宗室之时，千金公主未曾被害，依旧过着富贵生活。千金公主嘴巴极甜，最会讨好武后。武后很喜欢千金公主，两人经常在一起谈心事，感情比亲母女还浓厚。

千金公主把冯小宝带回家，不是要向他买什么东西。她是觉得冯小宝身体强壮，要他做她的男伴。这种大胆的行为，在别的时代是荒诞而不可思议的。但是唐代的公主们似乎特别大胆而开放，很多公主都有情夫，她们骄纵而放肆，所以唐朝人多不愿娶公主为妻。有一天，千金公主到皇宫中和武后聊天。千金公主向武后推荐冯小宝，说他身强力壮，充满了男人的魅力，让他来服侍，一定会身心舒畅。武后听了很心动，要千金公主悄悄地把冯小宝带进宫来。

冯小宝进了宫，武后对他的服侍十分满意。于是，冯小宝成为武后的面首。所谓面首就是男宠、男妾的意思。南北朝时期，宋前废帝刘子业在位时，其妹山阴公主对他说："你我是同胞兄妹，你的后宫妃嫔数以万计，而我只有驸马一人，为何如此不公平呢?"于是，前废帝刘子业找了三十个男人作为山阴公主的面首。这是"面首"一词的由来。从此以后，凡是皇后、公主等的男妾或情夫都称为面首。

冯小宝是个大男人，进出皇宫难免被人议论。纵使唐高宗去世已久，武后守寡独居，而且权势赫赫，但是养一个面首总不是光彩的事。不久，武后想到一个掩人耳目的办法，那便是要冯小宝剃发为僧，做一名假和尚。不过，为了做得彻底，便下令将洛阳的一座佛教庙宇白马寺重新修缮，命冯小宝去做白马寺的住持，取一个法名叫"怀义"。怀义白天在白马寺念经拜佛，晚上到皇宫陪伴太后睡觉。从此，怀义假借宫中要做佛教法会，便每天堂堂正正地进宫。

唐代是一个讲究家世门第的时代。怀义的家族都是最底层的市井小民，完全没有什么家世门第的光环。武后觉得怀义出身卑贱，为了要提高怀义的社会地位，便和女儿太平公主商量，让怀义改姓薛，列入太平公主的丈夫薛绍的族谱中，算是薛家的一员，因为薛家在唐朝是有名的世家大族，受到社会的尊敬。于是，冯小宝变成了薛怀义。一般人将和尚称为师父，所以，当时官员和百姓都叫薛怀义为"薛师"。

薛怀义没有受过教育，由一个小摊贩忽然变成太后最宠爱的男人，享受无比的荣华富贵，是个典型的暴发户。他小人得志，趾高气扬，盛气凌人，目空一切，作威作福，自傲自大，任意欺人，横行霸道。薛怀义每天骑着皇宫的马，十几名宦官跟随在身后，出入皇宫。那种威风凛凛的架势超过了宰相。

薛怀义在洛阳街上行走，手里喜欢拿着一条皮鞭子，看到路人，便任意把皮鞭抽过去，也不管路人是被打伤或打死，他大笑着扬长而去。洛阳的官府不敢出面干涉。于是，百姓都惧怕薛怀义，远远看见那个和尚骑了马过来，就赶快躲避，以免遭到无妄之灾。薛怀义最讨厌道士，如果在路上遇到道士，立刻命跟随身后的宦官把道士绑起来，当场把道士的头发剃光，以示羞辱。薛怀义在政府官员们的面前也一样耍威风。官员们见到薛怀义都要躬身行礼。大家都知道这个和尚是小人，又是武后最宠爱的人，要是得罪这小人，他在武后面前捏造几句坏话，自己岂不倒霉，所以大家表面上都对薛怀义表示恭敬，不敢得罪这个和尚。

薛怀义召集以前在市场认识的一批流氓无赖，要他们剃去头发，当了和尚，住在白马寺内。这批和尚以薛怀义为靠山，为非作歹，干了许多伤天害理的坏事。洛阳的百姓把这些和尚看得比老虎、毒蛇还更可怕，恨之入骨，却无可奈何。有个叫冯思勖的御史，有一天竟大着胆子把其中几个和尚加以逮捕。薛怀义听到消息，大发脾气，带领几个和尚，在路上等候冯思勖下班回家，将冯思勖打得奄奄一息。洛阳官府不敢查问，事情不了了之。

古人向来视做官为人生最光荣的事。薛怀义虽然得到武后的宠爱，又担任白马寺住持，威势强盛，但总以没有做官为遗憾，于是向武后求官。武后任命他为右卫大将军，并令他率领大军去攻打突厥。一个小摊贩变成了大将军，一个口念"阿弥陀佛"的和尚手舞大刀去杀人，这真是一个令人错愕的场景。

不久，薛怀义又被封为鄂国公。和尚在红尘中打滚，真是古今难见的奇事。武后决定把洛阳皇宫中的乾元殿拆掉，改建明堂。明堂其实是一座更大更高的宫殿，建造的工程交给薛怀义负责。可见，武后对薛怀义是极为信任的。在明堂建造期间，一个御医沈南璆成为武后的新宠。薛怀义醋劲大发，放了一把火，竟把兴建中的明堂烧掉。武后纵容薛怀义，并未追究他烧毁明堂的责任，仍命他重新建造明堂。

薛怀义自觉不管做什么错事，武后都会包庇他，于是越来越霸道。连武后的侄儿武三思、武承嗣都畏惧薛怀义。武后也听到许多人报告薛怀义的恶行，于是决定除掉他。武后不能让朝廷大臣来处置薛怀义，因为怕他在受审时把在宫里的丑行泄漏出去。武后找到女儿太平公主商量。

太平公主奉武后之命，精选了数十名身强力壮的宫女在身边，略略加以训练。有一天，薛怀义进宫，太平公主的奶妈率领这几十个宫女将薛怀义杀了。另一个说法是武后命武攸暨把薛怀义杀了，尸体运回白马寺，又下令把白马寺的一批恶僧放逐到边疆去。

第二十三章 假造天意和佛意

《大云经》说：天女降生人间以女子之身出现，做一国之王。女皇君临天下，摧毁并收服所有的邪魔，威震天下。天下的善男子都要来臣服，女皇来世要成佛。

垂拱四年（688年）十二月，武后率领一支人数众多的队伍浩浩荡荡地前往洛水。队伍里有唐睿宗李旦、唐睿宗的太子李成器、文武百官、四夷酋长、宫女、卫队，人们穿着各种颜色的衣服；队伍中飘着各式各样的旗帜，有装饰得五彩缤纷的车辆和马匹，各种羽扇、团扇，还有许多乐队，乐师们吹奏着各式乐器，像在办嘉年华。洛阳的百姓，不论男女老少都跑来看热闹，把道路两边塞得水泄不通。这种场面实在难得见到，可以说盛况空前。

在洛水岸边，已经建好一座高大的祭坛。坛上设有神位，摆满了肉食、水果、甜酒等祭品。武后在宫女簇拥之下登上祭坛。唐睿宗李旦和皇太子李成器也跟在武后身后上了祭坛。文武百官、四夷酋长和皇宫卫队则肃立于祭坛下。

武后这次祭祀洛水之神是为了接受所谓上天赐给的那块刻有"圣母临人，永昌帝业"八个字的白石头。武后已为那块白石取名为"天授圣图"。其实，这块石头哪里是上天所赐？其乃是武后的侄儿武承嗣制作并偷偷放到洛水河中的，他命唐同泰下水去取，献给武后。武后根本不去追究这块石头的真或假，立刻宣称这是天赐的吉祥物。她是想借这块石头来证明上天对自己的肯定和保佑。古人都很迷信，看见上天都肯定武后的地位和权威，老百姓当然也要服从和尊敬她。

祭祀洛水是向全国人民宣示：天意已归属武后。武后登上皇帝宝座的距离又近了一步。

除祭祀洛水之外，洛阳皇宫内一座庞大的建筑物同时落成。这座宏伟高大的建筑物叫"明堂"。明堂是古代发布政令和祭祀天地的地方。唐太宗李世民和唐高宗李治都想兴建明堂，曾有多次讨论，但没有付诸行动。

武后兴建的明堂是三层楼的建筑物。底层是正方形，每边长约一百米，四边漆成青、红、白、黑四种颜色，代表春、夏、秋、冬四季，每边有门有窗；第二层是正十二边形，代表十二时辰，第二层顶部的屋檐由九条红色的龙围成；第三层是二十四个棱柱面，代表二十四节气，第三层的屋顶是圆形的，屋顶中央有一个昂首独立的铁凤凰，高约一丈，全身镀了黄金，在阳光之下闪闪发光，象征着女皇君临天下。整个明堂高约一百米，在数十里外都可以望见，成为洛阳的新地标。

明堂内部装饰富丽堂皇，墙壁柱子五彩缤纷，珍珠、玉石、黄金镶嵌其中，令人目眩。如此华美的建筑物，令人叹为观止。武后将明堂命名为"万象神宫"，在正式启用之前，允许百姓前来参观。这也是前所未有的措施，因为老百姓是不准进入皇宫的。明堂的地点原本在乾元殿，是群臣上朝晋见皇帝的地方。武后下令把乾元殿拆掉，改建明堂。所以，明堂（万象神宫）在皇宫的前半部。武后准许百姓在一定期限内进入万象神宫参观，其用意是向老百姓夸耀万象神宫，借以提升自己在全国人民心目中的地位。

第二年是永昌元年（689年），正月初一，武后在万象神宫举行祭祀大典，万象神宫正式启用。武后穿着皇帝的服饰，首先献祭，其次是皇帝唐睿宗李旦，最后是皇太子李成器。依照中国的传统礼仪，皇帝是至高无上的。在"私"领域方面，太后是皇帝的母亲，皇帝是低于太后的。然而在"公"领域方面，一国之君是皇帝而非太后，所以，中国古代祭祀大典中，必定是皇帝主祭，太后是不参与的。现在，武后参加了祭典，而且成为主祭，皇帝退居次位，这在中国历史上是未曾有过的事。不过，群臣们早就知道唐睿宗名为皇帝，实是傀儡，所以对于武后这种不合传统礼仪习惯的事也就不加指责了。

献祭完毕，武后宣布大赦天下，改年号为"永昌"。接着，武后在万象神宫接受群臣朝贺，并且大宴群臣。

永昌元年（689年）七月，有法明等十个和尚联名向武后呈献了一部《大云经》。据说这《大云经》是南北朝时一个天竺来的和尚翻译的。其实这部佛经可能是伪造的。佛经中有部分讲到女人做皇帝的事：有个天女，名叫净光，下凡到人间，乃是菩萨。天女降生人间以女子之身出现，做一国之王。女皇君临天下，摧毁并收服所有的邪魔，威震天下，天下的善男子都要来臣服。女皇来世要成佛。

《大云经》的出现让当时佛教界大感振奋。由于其中讲的类似预言，于是云宣等九个和尚撰写了一本《大云经疏》，对这段天女下凡到人间为王的故事做了解释。《大云经疏》指出：下凡的天女净光就是圣母神皇。佛祖要她下到凡间做皇帝，一统天下。当今万民都心向圣母神皇效忠。凡效忠者可以子孙昌隆，合家安乐。如果背叛圣母神皇，纵使国家不予处罚，佛祖也不会纵容，必将败亡。

《大云经疏》告诉人民：圣母神皇是天女降生，是菩萨的化身；圣母神皇是佛祖命定的皇帝；圣母神皇将来会成佛。

武后得到《大云经》和《大云经疏》后，内心的喜悦真是难以形容，立刻赐给有功的和尚爵位。唐代佛教盛行，人民绝大多数都信佛教。《大云经》出现的意义是告诉天下，佛祖要武后做皇帝，而且武后本身就是菩萨，将来会成佛。

武后下令全国各州都要兴建大云寺，全国的寺庙都要收藏《大云经》。各寺庙的和尚要向信徒宣讲《大云经》，让全国信佛的百姓都相信武后就是菩萨，武后应该坐上皇帝宝座。

洛水的"天授圣图"象征天意，《大云经》象征佛意，天意加上佛意，这是何等强大的力量！全国人民谁能抗拒呢？武后的皇帝梦即将实现了。

永昌元年（689年），武后宣布将这年的十一月改为正月，改年号为载初，采用周朝的历法。这是因为《周书》

中有《武成》篇，"武成"二字可以解为"武氏成功"。于是武后把这个"武成"视为符谶，要仿效周朝。

凤阁侍郎宗秦客曾经向武后建议改造文字，他改了十二个字，武后同意了。后来又加了七个字，共改造了十九个字。这十九个字是"天、地、日、月、星、君、年、正、臣、照、授、人、圣、生、戴、初、证、载、国"，都是常用的字。改造后的新字很怪，不符合中国人造字的六书原则，譬如日字改为"囜"，月字改为"囝"，星字改为"○"，人字改为"㞢"。武后正式颁布这十九个字，全国通用。为了鼓励大家使用这十九个新造的字，武后还用其中的"曌"字作为自己的名字。

武后在位的时候，这十九个新造字可能在社会上是流通使用的。因为在洛阳附近，考古学家们挖掘出来许多墓碑、墓志。在武后时期，死亡者的墓碑、墓志上所刻的文字，就有这十九个新造的字。但在武后死后，这些新造的字就不见使用了。所以，这些新造的字在中国文字发展史上其实没有产生大的影响。

武后颁布这些新造字并不是想对中国文化做什么改变，它的用意是政治性的，那就是暗示人民：时代在变，一个新的局面将要出现了。

第二十四章 六十七岁登皇位

女皇坐在御座上,红光满面,容光焕发。这位六十七岁的女人好像年轻了二十岁。

假造的天意加佛意，弄得全国沸沸扬扬。武后想登上皇帝宝座，取代李唐王朝，另建武氏王朝，乃是人尽皆知的事，只差最后一个台阶而已。武后不是不想尽快踏上这最后一个台阶，只是还要一点外力帮忙。

试看唐朝以前的历史，一个政治强人夺取前一个王朝皇位的例子很多，像王莽夺取西汉的政权建立了新朝，曹丕夺取东汉的政权建立魏朝，司马炎夺取了魏朝的政权建立晋朝，等等。这些夺得皇位的人都经历了一个共同的过程，那就是表面上不是去抢皇位，而是别人一再拥护，要把他们推上皇位；他们自己则再三谦让，表示不肯坐上皇位；最后连前一个王朝的末代皇帝自己都表示愿意让位，于是他们才表示不得不接受，"勉强"登上皇帝宝座。这就是所谓"禅让"的把戏。人人都知道这把戏原本是假的，但从王莽做了这场戏之后，一次一次的改朝换代都照样上演着这个戏码。为什么呢？因为那些抢夺皇位的政治强人不愿意戴上"抢夺"的帽子。中国人认为谦虚推让是美德，而抢夺掠取是恶行。政治强人要戴着"美德"的帽子登上宝座，让百姓认为他是有美德的仁君。

现在，武后正在等待这最后一幕"禅让"的把戏上演。

天授元年（690年）九月，这幕"禅让"戏正式开演了。首先出场的人是侍御史傅游艺。傅游艺率领关中百姓九百多人到皇宫前，跪着呈献一份奏章。这奏章文辞华丽，对武后极尽恭维讨好之能事。奏章说，当今太后乃千古一人，以前任何贤明的君主都不能与之相比。现在李唐王朝运势已尽，请太后即皇帝位，改唐为周，赐皇帝唐睿宗姓武。请太后上应天意，下符民愿，尽速登基，开创新的王朝帝业。

按照以前"禅让"的剧本，第一个登场的只是序曲，所以武后当然不会接受，但她将傅游艺升为给事中。

武后用升官来表示嘉奖。傅游艺的行为立刻引起朝臣们仿效。文武百官、皇室宗亲纷纷上表劝进，连远近百姓、四夷酋长、和尚、道士也都上表请武后登基，上表劝进者有六万余人。皇帝唐睿宗李旦眼见情势演变至此，自己不能不表态，权衡利害，便也上表给武后，主动让位，并请改姓武[①]。

天意、佛意、民意加上皇帝唐睿宗自愿之意，终于让武后欣然接受大家的拥戴，登上皇帝宝座。

九月十九日，武后在洛阳的万象神宫举行登基大典。这天的清晨，文武官员、四夷酋长和代表全都排列在万象神宫前。万象神宫前还有身穿金色铁甲的武士和衣着五彩缤纷的乐队、舞者，阵容强大。

武后身穿龙袍，头戴皇冠，完全一副男性皇帝的打扮，在羽扇的屏障之下，登上皇帝御座。纳言（门下省的长官，

---

① 武则天登基后，唐睿宗改姓武，但为确保表述的连贯性，全书仍统称唐睿宗为"李旦"。

宰相之一）宣读新皇帝即位诏书，宣布改唐为周，改年号为天授，接着献上皇帝宝玺。这时，司仪高呼"拜贺"。四夷酋长和代表穿着他们特殊的服饰上殿拜贺，然后是文武百官依官阶高低循序上前拜贺。

女皇坐在御座上，红光满面，容光焕发。这位六十七岁的女人好像年轻了二十岁。她看着拜贺的队伍通过面前，心里真是既兴奋又感慨。她十四岁孤身进入皇宫，没有父母亲家族倚靠，只凭着自己的聪明才智和敏捷的反应，在皇宫中生活了五十多年。如今她竟然由一个小妃嫔变成今天像唐高祖、唐太宗一样的开创新王朝的皇帝，尤其是竟成为历史上从未有过的女性皇帝，这个戏剧性的人生，她自己都感到很惊奇！

登基大典完毕，她便大开筵席，请参加大典的四夷酋长、代表和文武百官一起畅饮。整个洛阳皇宫喜气洋洋，充满欢乐。

接着女皇下诏书大赦天下，又为自己加尊号"圣神皇帝"，将唐睿宗李旦降为皇嗣（皇嗣就是太子的意思），并且改姓武，又立武氏七庙于神都（洛阳改称神都），追尊她的祖先们为皇帝、皇后。像女皇的父亲武士彠便被追尊为孝明高皇帝，号称周太祖。这武氏七庙就是新建立的周朝宗庙。宗庙是皇帝的祖先牌位放置的地方。李唐王朝原来的宗庙被取消了宗庙的地位，改称为享德庙。

除追尊祖先外，还活着的武家亲属当然也要分沾新王朝的恩泽。于是女皇封侄儿武承嗣为魏王、武三思为梁王、武攸宁为建昌王，武家的其他族人都封为郡王，武家的姑姑和姐妹们都封为长公主。这真像中国人常说的"一人得道，鸡犬升天。"

圣神皇帝又将自己的家乡文水县改名为武兴县。"武兴"二字表示武氏兴隆的意思，并且武兴县的百姓永远免去徭役。

刚即帝位的女皇并未忘记第一个带头上奏章请之称帝的傅游艺，便提拔他为鸾台侍郎平章事。鸾台侍郎是门下省的副长官。平章事是"同中书、门下平章事"的简称，"平章"就是商量处理的意思，"同中书、门下平章事"就是和中书省、门下省的长官一起商量处理国家政事。平章事的头衔是宰相，宰相是三品官。唐朝制度规定，政府官员的官服有特定的颜色，一品至三品为紫色，四品为深红色，五品为浅红色，六品为深绿色，七品为浅绿色，八品为深青色，九品为浅青色。傅游艺一年之内连升了四次官，由青袍到绿袍、红袍再到紫袍，当时人称之为"四时仕宦"。

武后能够篡唐称帝，并非偶然之事，她的成功大致有下列几个因素：

首先，武后久专政权，已建立威势。武后称帝是在和平安定局面下转移政权的情况，一如曹魏之篡汉，司马氏之篡魏。这种和平转移政权需要经过两个步骤，一是久握中央政权，二是建立威势。武后自永徽六年（655年）以皇后身份干政，麟德元年（664年）垂帘听政，一切大权在握，至天授元年（690年）篡唐，已专政二十六年。如从皇后干政算起，则长达三十五年之久。同时，群臣称皇帝和皇后为"二圣"，早已将武后的地位抬到与皇帝平行，这是历史上从未有过的事。当时臣民除反叛者之外，没有人不把武后视同皇帝。所以武后在篡唐之前已经建立威势。在威势笼罩之下，武后的称帝便容易被臣民所接受。

其次，女权盛行。唐代是中国历史上女权较盛行的时期，这一方面与胡化风气有关，另一方面也是儒学衰微造成的。另外，武后利用佛教，伪造《大云经》。《大云经》中有女子称帝的故事，这灌输给臣民一个观念：武后称帝乃是佛的旨意。

再次，善于利用手段控制臣民。武后极有政治手腕，善于利用各种手段控制臣民。武后控制臣民的手段主要有三。一是利用酷吏镇压反对她的人，造成恐怖政治，使臣民不敢反抗。二是以滥赏官位来收买人心。武后开了许多做官的方便之门，除科举考试之外，还准许官员和百姓自我推举，请求任官；又派十个存抚使到全国征求人才，给予试任某官；此外，还大量增加政府正式编制之外的"员外官"。这些滥赏的官位是争取子民向心的手段。三是选拔有才能之士，以巩固自己的权位。武后虽重用酷吏，却也善于选拔有才能的人，给予重任。对正直的朝臣，武后会给予相当的尊重。耿直的人只要不被她怀疑为谋反者，她就会从酷吏的陷害中特意保全之。武后当政时的宰相，如李昭德、魏元忠、杜景俭、娄师德、狄仁杰等都是德才兼备之人。他们被武后赏识提拔后，也效忠于武后。在才能之士的拥护下，武后的权位才得以巩固，成功地建立起大周王朝。

第二十五章 女皇心态在转变

武后登上皇帝宝座,建立了一个新朝代,觉得潜在的敌人都已消灭,认为该是停止告密、结束恐怖政策的时候了。

武后称帝，那些拥护武后做皇帝的人当然得到好处。其中升官最快的人就是带头率领百姓上书的傅游艺，一年之内四次升官，由九品升到了三品。但小人得志，难免得意忘形。

武后即位的第二年，有一天，傅游艺和一个好友聊天，说道："我做了一个梦，梦见我登上湛露殿了。"这个好友竟把傅游艺的话向女皇告密。女皇认为傅游艺有非分之想，下令逮捕他。

傅游艺入狱不久，就在狱中自杀了。傅游艺是大周王朝的开国功臣，这么快就面临"走狗烹"的命运，可见女皇是一个不懂感恩的人。

武后即位后仍重用酷吏，只是酷吏们诬陷的对象发生了改变。武后称帝之前，酷吏们诬陷的对象以李唐宗室为主。武后称帝时，李唐宗室几乎都已被消灭，所以武后称帝以后，酷吏们诬陷的对象以文武百官为主。

天授二年（691年）发生了"三十六名家"案。箕州刺史刘思礼请术士张憬藏给他算命看相。

张憬藏揣摩到刘思礼心怀大志，便说："你命相高贵，将来一定位至太师。"

太师是三公之一，是中央政府最高阶的一品官。刘思礼心中大喜，暗想：太师之位必然是皇帝恩赐的，如果能拥立一个皇帝，自己做了开国功臣，就可以坐上太师宝座了。

于是他和洛州的录事参军綦连耀秘密联络，共谋大事。他们以给人算命看相为幌子，暗地联络许多人，并向他们保证，将来綦连耀夺得皇位后，会给他们加官封爵。

不久，刘思礼的密谋外泄。酷吏来俊臣向女皇报告。女皇令她的侄儿河内王武懿宗查办，武懿宗便将刘思礼逮捕下狱。

刘思礼是个胆小怕死的人，立刻供出了几个共谋者。武懿宗将他放出监狱，说："你尽量供出同谋，你供出的人愈多，你愈安全，可以将功赎罪。"

刘思礼信以为真，便胡乱拉扯，把他认识的许多有名望的大官和士人都指为同谋，其中还有宰相和大臣，共三十六家，都是知名之士。

最终，这三十六家被灭族，亲戚朋友被放逐到边远地区的有一千多人。这是武后即位后牵连较广的一件大案子。

酷吏是武后镇压反叛者的有力工具。武后称帝而不致大规模叛乱，是因为臣民置身于酷吏造成的恐怖气氛中，终日战战兢兢，寻求自保，没有余力结党反抗。

不过，如果恐怖政策过于残酷或者时间过长，人们感觉到自保的可能性完全消失时，则必然铤而走险，死里求生，反叛就会成为燎原的野火，愈烧愈大，愈烧愈广，难以扑灭。

所以，恐怖政策要适度，使人们畏惧但不至于毫无生机。而且恐怖政策施行时间不能过长，以免人民不能长期忍受而群起反抗。

武后登上皇位的那年，右台御史周矩曾上书给武后，向她净谏告密和酷吏之危害，说道："近年来告密的风气盛行，奸恶之人便以告密为常事，负责审理告密的官吏为求立功，总想将被告者定罪。凡是被告者先设定他已犯罪，于是想尽办法，逼迫他编造许多同谋者，然后对他使用各种酷刑。譬如将被告锁在囚笼里，只露头在外。譬如将被告手臂拉断，在指甲中插牙签。譬如将被告头发扎起来，高挂在屋梁上。譬如用烟不断熏眼睛。这些酷刑，称为'狱持'。又譬如白天不给被告饮食，夜晚不准被告睡觉，被告如想睡觉，就不断摇动他，让他日夜不能睡觉，这称为'宿囚'。在酷刑的逼供之下，一个人如果怕死，什么事情都会承认。这些官吏令朝臣们感受到极大的威胁。有些人上午上朝，陛下还和他亲切地谈话，到了晚上就被那些官吏诬陷逮捕，永远不能回家了。陛下上午把他看成亲信之人，晚上却把他看成仇人，这是怎么回事呢？从历史来观察，周朝用仁而昌盛，秦朝用刑罚而灭亡，请陛下深思。"

周矩所说酷吏之酷刑和冤狱，武后岂有不知之理？她只是故意放纵那些"走狗"去猛咬她的敌人。

当她登上皇帝宝座，建立了一个新朝代后，她觉得潜在的敌人都已经消灭，认为该是停止告密，结束恐怖政策的时候了。

举两个案例就知道女皇想要结束告密和恐怖政策。

长寿元年（692年）五月，就是女皇即位后第三年，女皇下令全国禁止屠杀牲畜和捕捞鱼虾。女皇的命令颁下不久，右拾遗张德的妻子便生了一个儿子。

张德高兴得不得了，觉得该庆贺一下，就私自宰了一只羊，宴请亲朋好友。

在被邀的客人中有一个补阙杜肃。补阙和拾遗都是门下省的官员，所以杜肃和张德在同一个机关任职。杜肃吃完了宴席，回家后就写了一个奏章，向女皇告密，称张德违反皇帝的禁令，私自宰杀牲畜，应处重刑。

第二天，女皇将张德召入宫中。

女皇说："听说卿得一子，可喜可贺。"

张德听了心中一惊：女皇为什么晓得我得了儿子？情报真是灵通。赶快跪下拜谢。

女皇接着问道："你为何私自宰羊，违反禁令？"

张德听到女皇的问话，吓得在地上磕头不已，请求女皇恕罪。

不料，女皇并没有发脾气，反而用温和的语气说："卿不要惊恐。喜获麟儿本是人生的乐事，庆贺一番也是人之常情。朕禁止屠宰的命令是一般性，有吉凶事可以不受这禁令限制。不过，朕要提醒你，以后再请客人可要看清楚对象，莫把好酒好菜喂了冤家。"

女皇说完，把桌上杜肃的告密奏章丢到地上。张德把这份奏章拾起来。

女皇说："这是你邀请的客人写的，你拿去慢慢看吧！"

张德又不断叩头谢恩，高呼万岁。

张德回到家中，大骂杜肃。这消息很快在朝廷官员中传开。大家对杜肃吃得满嘴油而后去告密的行为纷纷指责，同时也发现女皇似乎开始不欢喜告密的事了。

第二个案例发生在张德案的第二年。润州刺史窦孝谌的妻子庞氏被家奴告密，说庞氏谋反。女皇命给事中薛季昶查办。薛季昶将庞氏定为死罪。刑部郎中徐有功认为庞氏是被诬告，应判无罪。薛季昶反咬徐有功袒护逆党，请三法司论罪。徐有功竟被判绞刑。刑部一个小吏把这判决结果告诉徐有功。

徐有功叹了口气说："难道就只有我一个人要死，别人就永远不死吗？"说完，从从容容地吃了饭，拿一把扇子遮住脸，躺在办公室的椅子上睡了。

刑部的官吏看到徐有功的行为，以为他强作镇定，就悄悄走到他身边，发现他真的睡着了。

一个人被判死刑，却还能很快安然入睡，这岂不是怪事？

于是，有多嘴多舌之人立刻去报告女皇。女皇也觉得奇怪，立刻召见徐有功。

女皇问徐有功："你平时办案，错放的人不少。你说说看，你该当何罪。"

徐有功正气凛然地答道："臣错放了有罪之人，不过是人臣的小过。好生恶杀，才是圣人的大德啊！"

徐有功画像

女皇听了，沉思良久，才缓缓地说："卿说得有道理，错放就错放吧！庞氏的判决就照卿的意思，免了庞氏的刑责。当然，卿的绞刑也免了。"

从张德和徐有功两个案例来看，女皇似乎对告密者和酷吏都开始有厌恶的感觉。

有一天，女皇命令监察御史严善思去清查一下所有的告密案件有多少是真实的，有多少是诬陷的。

严善思为人公正刚直，敢于说真话。他接到女皇的命令，立刻对以前的告密案中牵连人数较多的案件进行逐一清查。清查的结果发现八百五十多件是诬告的案件。这个清查报告让女皇有些心惊。

严善思的清查报告揭开了告密者虚假的面具，因为许多告密案根本就是酷吏们制造出来的。

所以，酷吏们对严善思万分痛恨，于是使用他们的老方法，命爪牙在全国各地同时诬告严善思。案子由酷吏审判，判严善思流刑，就是放逐到边远地区去。

女皇知道严善思是被酷吏们诬告的，不久，便下令召回严善思，仍旧在御史台任官。

女皇的心态在慢慢转变，她渐渐厌倦了告密的把戏和酷吏凶狠的演出。

第二十六章 整治酷吏

女皇是有政治权谋的人,当然了解恐惧与绝望是社会反动的种子,于是在黑暗中要点起几盏明灯,让人们看得到希望。这几盏明灯就是正直的官员,用他们来对付嚣张的酷吏们。

恐怖政策之下，酷吏横行，人们会觉得一片黑暗。如果四周全是黑暗，没有一点光亮，会使人失去希望，想努力逃出黑暗，打破现实处境，于是造反的事件就会发生。女皇是有政治权谋的人，当然了解恐惧与绝望是社会反动的种子，因此在黑暗中要点起几盏明灯，让人们看得到希望，就不会走上绝路。这几盏明灯就是公平正直的官员，尤其在三法司中的官员一定要有几位是坚持公理、守法爱民的官员，像徐有功、狄仁杰、李昭德、魏元忠等，都是秉公判案，敢于对抗酷吏的官员。女皇心知肚明，这几位正直的司法官员是百姓心中的明灯，不可以让明灯熄灭，所以会在暗中保护他们。虽然他们也会受到酷吏伤害，但她会保住他们的性命。譬如徐有功曾三次受到酷吏们诬陷，被流放到边远地方，但不久就被女皇召回，仍在御史台任官。

有一次，徐有功被酷吏周兴诬告，说他故意放掉谋反的人，其罪当死。女皇听信了周兴的话，但免去徐有功的死罪，把他流放到边疆去。不久，女皇下令召回徐有功，任命他做侍御史。徐有功回到洛阳，进宫叩谢女皇，说道："鹿在山林中每天无拘无束地奔跑，可是它的肉却常被挂在厨房里，成为碗中的佳肴，这是什么缘故呢？这是因为有人喜欢吃鹿肉，所以猎人就会到山林里去杀鹿。现在陛下任命臣为三法司的官员，臣一定秉公执行国家的法律，一定会有许多徇私枉法的人来陷害我，他们就像杀鹿的猎人，不达目的绝不停止。陛下让臣任御史，臣就成为他们心目中的鹿，所以陛下好意要任用臣，却是要了臣的命啊！"

女皇听了徐有功的话，心中甚为感动。她要保护山林中那些善良的动物，该好好约束那些猎人了。

让女皇下决心要消除酷吏的，恐怕是安金藏案。长寿二年（693年），有人告密说皇嗣（就是已退位的唐睿宗李旦）有异谋。这是个不合理的诬告，因为唐睿宗在位的时候，把政治大权全部让给母亲武后，自己做了傀儡皇帝，最后，自己请求让位给武后，而且自己舍弃了父姓，跟随母亲姓武，如此孝顺的儿子怎么会有异谋？异谋就是反叛，以李旦的性格和以前的作为，他根本不是一个敢反叛的人。他如果要反抗母亲，早就该在自己还保有皇帝身份之时反抗了。现在，母亲成了名实俱全的皇帝，自己只是一个毫无权力的皇嗣，怎有能力搞叛逆之事？

然而，女皇是个多疑的人，便将这件告密案交给酷吏来俊臣审理。

来俊臣奉命，当然不敢直接逮捕皇嗣李旦，但他把皇嗣身边的人抓到监狱中，用了许多酷刑。他们无法忍受痛苦，就想胡乱承认算了。其中有一个名叫安金藏的人对来俊臣大声叫唤说："我说皇嗣没有谋反，大人就是不信，我愿剖心来证明皇嗣不反。"说着，他就拔出一把藏在身上的刀对着自己的胸和腹部刺下去，立刻鲜血直流，五脏也流了出来，仰卧在地。

这时有个快嘴快舌的宦官在场，眼见这血淋淋的景象，立刻拔腿飞奔进宫，向女皇报告。

女皇即刻命令将安金藏抬进宫来，紧急传召御医，为他进行医治。御医将安金藏的内脏放了回去，再用桑皮线将他胸部、腹部的伤口缝合，涂上止血消炎的药。

第二天，安金藏醒过来，奇迹般保住了性命。女皇听说安金藏醒了，亲自来到他的床边，用感激的语气说："朕有儿子却不能明白儿子的心意作为，真是不如你的忠心耿耿啊！"

于是，女皇命令来俊臣停止审理皇嗣谋逆案，使谦让又老实的皇嗣李旦得免于难。

酷吏是女皇打击政敌的一种工具。当女皇登上皇帝宝座之后，渐渐地感觉到政敌都已消灭，那么打击政敌的工具就可以收起来了。西汉初年，开国功臣韩信被杀，临死之前，韩信很感慨地说："飞鸟尽，良弓藏；狡兔死，走狗烹；敌国破，谋臣亡。今天下已定，我固当烹。"韩信的话成为后代开国功臣的共同心声。

大周王朝的开国功臣主要就是酷吏。女皇登基，这时"天下已定"，那些作为走狗的酷吏就失去了存在的价值，其结果就是被"烹杀"了。

酷吏周兴是个工于心计又残忍好杀的人，被他陷害的人数以千计。周兴常常挟私怨而诬害仇人，譬如在唐高宗时，周兴任洛阳县令，他自认为被宰相魏玄同拦阻了升迁，便怀恨在心，想要报复。等到武后掌权，周兴被武后重用，便有机会报复了。有一天，周兴向武后告密，说宰相魏玄同是裴炎的好朋友，魏玄同也想和裴炎一样，进行谋反叛逆，并且魏玄同曾对朋友说，太后老了，不如把政权交还给皇帝。武后听信了周兴的话，下令将魏玄同赐死。其实，魏玄同根本没有谋反，周兴向武后所告的全是谎言。周兴的目的是要报私仇，害死别人。

黑齿常之是唐高宗在位时的名将，在西北边疆屡次打败吐蕃、突厥，建立许多战功，唐高宗对他极为赞赏。黑齿常之是百济人，效忠唐朝，很能带兵，平日和部属颇为亲密。皇帝有赏赐时，他会把赏赐分给部属，自己不保留，所以深得部属爱戴。在武后称帝的前一年，周兴诬告黑齿常之和几个将军谋反，黑齿常之被捕入狱。在酷吏们的审判下，黑齿常之被处绞刑。他的死讯传到军中，将士们无不放声大哭，高呼："冤枉！"但赤胆忠心的铁汉也敌不过手握毒刀的酷吏。

在女皇登基后的第二年，御史中丞李嗣真向女皇上了一道奏章，历数酷吏之罪，请求女皇禁止酷吏滥刑。李嗣真的奏章说："现在告密纷纭，虚多实少，恐怕有阴险狠毒之徒离间陛下君臣。古时审判司法案件都是逐级呈报，重大的案件都会让公卿一同来表达意见，君王会要求三次重审，最后才判决执行。可是现在的情形和传统制度不同，一个九品的小官奉了陛下的命令便在监狱中审案，自己推断，自己一个人判决，有时临时决定，立刻执行，也不呈报陛下。这样将生杀大权轻易地交给臣下，绝非审慎的办法。如果有冤案和滥刑，陛下怎么知道？何况以区区九品小官就可以独断独行，判案既不经过刑部，也不经过门下省复审，完全不合司法程序。国家大法这样轻易地交在少数低级官吏手里，社会上到处是呼冤之声。臣担心这样下去会造成国家的祸患。"

李嗣真的奏章说出了当时大多数朝廷官员们的心声，也让女皇感到应该是宰掉"走狗"的时候了。

有一天，酷吏来俊臣接到女皇一道密旨，说有人告周兴谋反，要来俊臣查办。

来俊臣和周兴是同路人，臭味相投，都是心狠手辣、杀人不眨眼的家伙。来俊臣心想：周兴怎么会谋反？但女皇密旨交办，这表示女皇对他起了疑心。虽然自己和周兴是好朋友，但那是一起害人、一起喝酒的好朋友。知人知面不知心，周兴这人鬼主意极多，他心里捣什么鬼，别人哪里知道？现在，女皇既然下令要查办他，就不必为他辩护了。照女皇的意思，让周兴认罪，自己也可以向女皇交差。

于是来俊臣决定用陷害别人的老方法来对付好朋友。

第二十七章 请君入瓮

来俊臣拉着周兴的手,走到热烘烘的大瓮前,对周兴说:「不瞒老兄,我刚才接到皇上的密旨,有人告你谋反,皇上要我来处置你。现在,请君入瓮吧!」周兴一听,呆若木鸡。

酷吏来俊臣奉女皇之命要审理周兴,在家里摆了宴席,邀请周兴前来。

周兴和来俊臣常在一起吃吃喝喝,一起谈如何陷害别人。周兴对于来俊臣请客喝酒并不感到奇怪,对于来俊臣今日只请他一人也没有感到讶异,因为以前也有过。他们两人是酷吏中最凶狠的角色,臭味相投,所以在一起谈得很开心,彼此都认对方是好朋友。

两人喝了很多酒,聊得很愉快。来俊臣忽然对周兴说:"近来审问犯人很不顺利,犯人总是不肯认罪,你有什么办法?"

周兴马上回答道:"老兄用的那些刑具多厉害啊!有哪个犯人熬得住而不认罪的?"

来俊臣说:"不错,那些刑具确实够厉害的,许多犯人看到那些刑具就魂飞魄散,乖乖认罪,要他们说什么,他们就说什么。但是,也有些骨头死硬的家伙,我用了许多刑具,他就是不肯招罪。你难道没有碰到过吗?"

周兴点点头道:"的确有的,那种犯人太可怕了。"

周兴说着,眼前浮现出一个个受酷刑凌虐的犯人痛苦的影子。有些犯人在受刑后死了,临死前总会睁着大眼,痛苦地咒骂:"我变鬼也要来报仇。"周兴对这场景也感到心惊肉跳。周兴杀人从来不眨眼,犯人死了,就像杀了一只鸡一样，完全不在意。

但是，这些犯人临终前发毒誓要变鬼来杀自己，他心里难免有些害怕，所以，他晚上常会做噩梦，梦见一些可怕的鬼怪要来捏自己的脖子。

后来有人教他在房间里多摆几个佛像，天天烧香，就可以驱鬼。他照做了，在每个房间、客厅都放了好多佛像。他坐在佛像旁边，睡在佛像旁边，心里就觉得安稳。

他要佛祖保佑他，让那些冤死的鬼魂别来找他。

周兴想到这里，摇一摇头，让头脑清醒一下，把思路拉回现实，对来俊臣说："哎呀！老兄的办法很多，大不了，你就把他干掉，随便替他写一张招供书，然后说他畏罪自杀，那不就好了吗？"

来俊臣摇摇头说："不行，这个犯人不能随便干掉。老兄，你常有新点子，赶快帮我想个办法吧！"

周兴站起身来，在桌边转了一圈，歪着头想。不久，拍手道："有了，我想到一个妙法，可以让那犯人开口认罪。"

来俊臣也站了起来，急忙问道："是什么妙法？"

周兴回到桌前坐下，拿起桌上一个酒壶，又拿了几根筷子，放在酒壶底下，然后说："这酒壶好比一个大瓮，这筷子好比一堆木柴，先把木柴烧起来，让大瓮慢慢烧热。"

说着，周兴就从碗里夹了一块红烧肉，丢进酒壶里，继续说："然后把犯人放进大瓮里。这大瓮越烧越热，犯人在里面哪受得了，怎能不开口认罪？"

来俊臣听完，拍手大笑，对周兴说："好！好！老兄真是天才，竟会想到如此妙法。"

于是，来俊臣立刻命人抬来一个大瓮，在院里烧起木柴，将大瓮放在木柴上。

周兴看到来俊臣马上就采用自己的新创意，心里有些得意，就问："我们不是在监狱里审问犯人吗？你为什么在家里把瓮烧热起来？"

来俊臣露出一丝神秘的微笑，说道："今天我在家里办案子，也是可以的。"

周兴好奇地问："难道老兄家里有牢房，关了犯人吗？犯人在哪里？"

来俊臣说："远在天边，近在眼前。"

"哦？"周兴迟疑地说，"没有人呀！"

来俊臣拉着周兴的手，走到热烘烘的大瓮前，对周兴说："不瞒老兄，我刚才接到皇上的密旨，有人告你谋反。皇上要我来处置你。现在，请君入瓮吧！"

周兴一听，呆若木鸡，过了一会儿，才结结巴巴地说："老兄，你别拿我开玩笑了，咱们还是喝酒吧！"

来俊臣脸一沉，从怀里取出了女皇的圣旨，严肃地说："谁和你开玩笑。圣旨在此，岂是儿戏！"

周兴一看圣旨，如遭雷击，两脚一软，就跪了下去，哀求着说："请兄帮忙，我哪里会谋反。请兄为我向皇上陈情，让皇上知道我是被诬告的。"

来俊臣说："你也不是没有接过皇上的密旨，你敢违抗皇上的旨意吗？皇上说要处置某个人，你接到密旨以后该怎么办，你自己最清楚。现在皇上要我处置你，所以，请君入瓮吧！"

请君入瓮

周兴伏在地上发抖，说："我不要入瓮，我认罪。"

于是，来俊臣很快地就取得了周兴的招供书，便上奏章给女皇。周兴谋反，依例是死罪。

女皇看到来俊臣的报告，觉得周兴这个"走狗"也曾为她对付过许多敌人，对自己是有功的，便免了他的死罪，改判流放到边远的岭南地区去。

天授二年（691年），周兴被押解到岭南，走到半路，被仇人拦截，周兴就被杀了。

周兴之死，并没有让来俊臣产生唇亡齿寒的警惕，反而让他得意扬扬，认为除去了一个竞争对手，自己会得到女皇更多的宠信。

所以，来俊臣更加努力地迫害臣民，以讨好女皇。

长寿元年（692年），来俊臣以谋反罪陷害宰相狄仁杰、御史中丞魏元忠等七位大臣，要判他们死罪。结果，女皇下了免除这七位大臣死罪的诏书，只把他们贬到地方去做小官。这是一件大案子。

女皇也知道这七位大臣是冤枉的，免去他们的死罪，已经透露出女皇对来俊臣的信任度在降低。

在七大臣案中还有一个小插曲。七位被诬陷的大臣中有一个叫崔宣礼。崔宣礼有个外甥，叫霍献可，担任殿中侍御史的官职，他以为女皇会像以往一样，听从来俊臣的判决。

没想到这次女皇不照来俊臣的意思处死七大臣，只是贬官而已。霍献可就向女皇请求杀掉崔宣礼。女皇不同意，霍献可用头撞大殿上的台阶，额头都撞出了血。

霍献可的用意是想向女皇表达效忠，显示自己大义灭亲。不料，女皇根本不理会。霍献可不是真的想撞死，见女皇不加理睬，只能默默地退下去。

第二天上朝时，霍献可特别用一块绿色的布包住额头的伤口，希望女皇看见后会夸奖他的忠诚。但是女皇却视而不见，对他没有说一句嘉奖的话。

七大臣案的同一年，右补阙朱敬则向女皇上了一道奏章。朱敬则认为现在大周王朝建立，人心已定，应该减少刑罚，多加宽恕。

奏章中说："秦朝李斯担任宰相，用严刑峻法控制臣民，不知道用宽和政策，导致秦朝崩溃，这是不懂得局势已经变化而死守以前政策所带来的灾祸。汉高祖安定天下之后，用陆贾、叔孙通等人的策略，重礼仪教化，使汉朝得以传承十二代，这是局势在变而政策也跟着变带来的好处。自从陛下临朝，有些臣民心怀不满，兴兵作乱，那时不用重刑是不行的。后来乱事被平定，陛下设立铜匦，开启告密之风，使奸邪的人都被告发，除去罪恶，这也是该做的事。现在，局势转变了，过去的政策也应该改变了。陛下可以明察秦朝和汉朝的得失，思考时势的需要，检讨一下从前的政策是否合宜。臣认为当务之急是制止滥用刑罚，堵塞罗织的根源，使天下百姓安居乐业。"

女皇显然对朱敬则的话有所触动，对告密和酷吏逐渐放松了。另外有几个朝臣也上奏章，请女皇少用刑罚，多施仁政。

许多以前被流放边远地区的犯人流放地都在岭南，即今广东、广西一带。有人告密，说岭南的流人谋反。女皇派司刑评事万国俊以监察御史身份去查案。

万国俊到了广州，一天之内就杀了三百流人。女皇以为万国俊忠诚，便升他为朝散大夫。

后来，女皇又连续派了几个官员到岭南查案。他们都效法万国俊，到了岭南就杀流人，被杀的流人有一千多人。

女皇这才发现她派出去的官员都像刽子手，杀人实在太多了，便下了一道诏书，准许那些还未被杀的流人回到自己的家乡。

这件事显示出，女皇渐渐厌恶杀人的把戏了。

第二十八章 最大酷吏来俊臣之死

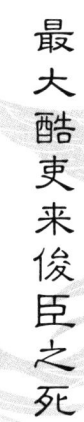

女皇自己似乎跟酷吏的罪行毫不相干，把责任推得一干二净。其实，来俊臣是女皇亲自喂养长大的『走狗』，罪魁祸首无疑是女皇。

自周兴死后，酷吏来俊臣气焰更盛，指挥告密，诬陷了许多朝廷大臣。监察御史李昭德是个刚强正直的人，经常指责酷吏，所以酷吏们都仇视李昭德。

终于，来俊臣吩咐爪牙告密，指李昭德谋反。李昭德被关进监狱，判处死刑。

来俊臣胆子越来越大，把陷害朝臣当成很过瘾的事，竟然动起脑筋，想陷害当时政坛上的新贵武三思、武承嗣等武氏诸王，以及皇嗣李旦、庐陵王李显和太平公主等。这个陷害的案子牵涉很广，反扑的力量必定很大。

来俊臣仔细策划，想布成一个天罗地网，让武家的人都逃不掉。

正当来俊臣在设计诬陷武家家族的时候，来俊臣身边一个叫卫遂忠的人悄悄把他的计划报告给武三思。武家的人得知这个消息，无不惊恐万分。他们知道来俊臣是杀人恶魔，最善

凤阁侍郎同凤阁鸾台平章事春二月王孝杰蘇宏暉等率兵十八萬與孫萬斬戰于硤石谷王師敗績孝傑没於陣宏暉棄甲而遁夏四月鑄九鼎成置于明堂之庭前兗州大都督府長史王及善爲內史五月命右金吾大將軍河内王懿宗爲大總管右肅政御史大夫婁師德爲副大總管右武威衛大將軍沙吒忠義爲前軍總管率兵二十萬以討孫萬斬六月内史李昭德司業少卿來俊臣以罪伏誅孫萬斬爲其家奴所殺餘黨大潰魏王承嗣梁王三思並同凤阁鸾台三品秋八月納言姚璹爲兗州大都督府長史九月以契丹李盡滅等

《旧唐书》对来俊臣的记载

于罗织罪名，在暴虐酷刑之下，将会一个牵连一个，武家必将家灭族亡，那真是大祸临头。

于是武家众人一起到女皇面前，告发来俊臣的罪行。女皇下令由三法司来审查，并将来俊臣关进监狱。

三法司审判的结果是：来俊臣罪行太多了，应处死刑。

三法司把判决来俊臣死刑的公文送到女皇面前，女皇压住公文，三天都没批准。

朝臣们心里都感到不安，宰相王及善向女皇报告道："来俊臣凶恶狡猾，所信任的都是一些无赖小人，所屠杀的多是有德君子。臣以为如果不消除元凶恶首，恐怕会动摇朝廷，祸患从此开始。"

一天，女皇骑马在皇宫旁的御花园闲逛。明堂尉吉顼为女皇牵马。

女皇随意问吉顼朝廷外面的情形如何，吉顼回答说："外面的人对陛下迟迟不批准处置来俊臣的事感到奇怪。"

女皇说："来俊臣有功于国家，朕正在考虑这事。"

吉顼说："来俊臣集结无赖流氓，诬告无辜的人，杀人无数，广收贿赂，钱财堆积如山，家中冤魂塞满。他是个国贼，死不足惜！"

女皇点点头："好吧！就依三法司的判决吧！"

于是，女皇批准了来俊臣的死刑案。

就在同一天，李昭德和来俊臣同被斩首。

李昭德是个正直的好人，被来俊臣诬害而死，朝臣和百姓都为他的死感到惋惜和不平。

相反，来俊臣被斩首却是大快人心的事。

来俊臣是在洛阳热闹的北市被斩首的，老百姓前来围观，把行刑之地堵得水泄不通。那些受过迫害的人早就对来俊臣恨之入骨，当来俊臣被斩下首级，四周的人一拥而上，纷纷手拿小刀，割来俊臣的肉，剖开来俊臣的肚子。一时之间，内脏都流了出来，血流满地。来俊臣身上和脸上的肉都被人割去了，甚至眼睛、鼻子都被剜掉，骨骼也被拆散，尸体被踩成肉酱。

有人将洛阳街市上的情形向女皇报告。女皇发现来俊臣是万民憎恨的人，为了争取民心，颁了一道诏书，历数来俊臣的罪状，诏书说："来俊臣出身市井小人，善于冒险投机。由于他很会揭露隐秘，审讯叛贼，表现出来像是一片忠诚，因此，朕将他从很低的位子提升起来。经过多年，他竟然勾结奸邪，结党作恶，狼狈为奸。他匿藏逆贼之妹，作为内宠，逼迫良家妇女，作为小妾。他作威作福，无礼无义，抢夺别人的财产比盗贼更凶狠，收受贿赂，赃物如山。他妄想陷害诸王，将诸王全部杀死，文武百官也都受到他严重的威胁和迫害。最后他竟然心怀不轨，企图谋反，想做叛逆之人，反叛的行动已十分明显。天下人都恨他，提到他无不咬牙切齿，他所犯的罪行数目比他的头发还要多，将他粉身碎骨也难以平息众怒，应该对其给予灭族的惩罚，以洗刷受害者的冤屈，以平息百姓的愤恨。"

这个诏书把一切滥杀无辜的罪过全都推到来俊臣身上。女皇自己似乎跟酷吏的罪行毫不相干，把责任推得一干二净。

其实，来俊臣是女皇亲自喂养长大的"走狗"，酷吏的气势是女皇有意制造出来的，恐怖政策是女皇亲自设计的，罪魁祸首无疑是女皇。现在，女皇把所有罪名都让来俊臣顶替，她就可以全身而退。这是古代专制独裁政体下，君主常玩的权术把戏。

接着，来俊臣的爪牙、党羽一一被清查出来，有的被处死，有的被囚禁。

来俊臣被杀，消除了令人见之色变的酷吏，也结束了长达十四年的恐怖政治。

来俊臣被灭族，党羽也烟消云散，全国人民互相庆贺，都说："从今以后，平安无事，用不着每天提心吊胆不敢睡觉了。不然的话随时都会大祸临头，谁也保不住自己的性命。"

来俊臣得势的时候，吏部每年定期选任官员时，来俊臣都会交一些名单给吏部，要求吏部任用名单里的人做官。这些名单里的人都是不符合任用资格的人，有的来俊臣收了他们的贿赂，有的是来俊臣的亲戚朋友。每次来俊臣送来的名单有数百人。吏部官员畏惧来俊臣，生怕他诬陷他们，不敢不接受名单，对不符合资格的人也一一授予官职。

等到来俊臣被杀，追查同党时，吏部官员向女皇报告来俊臣曾要求违法任用官吏的事。

女皇听了报告，就责备吏部官员们道："你们明知来俊臣推荐的人都是不符合任用资格的，竟然派给他们官职，这是违法的事。你们知法犯法，该当何罪？"

吏部官员听到女皇的斥责，一个个都低下了头，似乎是默默认罪。

其中有一位官员站了出来，对女皇说："请陛下息怒。当时来俊臣声势赫赫，手握生杀大权，谁能不怕？臣等违反官吏任用法令，最多是受降职、免职、贬官等惩罚而已，如果臣等不听来俊臣的要求，那就不知道哪一天祸从天降，被诬告成大罪，那时臣等不但自己的性命保不住，连父母、妻儿、亲戚也会一起丧命。所以，臣等宁可选择违法，也不敢违抗来俊臣。"

女皇听了这话，沉思良久，觉得诛杀来俊臣是正确的，这些吏部官员的处境也是值得同情的。

于是，她指示吏部官员清理出那些来俊臣推荐的人，全部撤销那些人的官职，至于吏部官员违法任用不符合资格者的事就不加追究了。

过了几个月，有一天，女皇和大臣们谈论国事，说道："自从周兴、来俊臣死了以后，就没听说有人谋反叛逆。难道以前被诛杀的人，有冤枉滥杀的吗？"

有个叫姚崇的大臣回答道:"自垂拱年以后,那些被告谋反者,家破人亡,都是冤枉。他们遭受酷刑,不得不认罪,以致被杀。由于告发的人因告发有功而受赏,所以人们纷纷告发,而且要被告者牵连出其他无辜的人,称为罗织。于是,一个单纯的案子会牵连许多人。这种情形实在比汉朝的党锢之祸更为严重。陛下也曾派亲近的臣子去监狱中查问。这些亲近的臣子也不能自保,怕被罗织进某个案子,于是也就不敢认真查问,当然就不能动摇酷吏的权位。至于被冤枉的人,他们也不敢在陛下派去的人面前翻供,因为如果翻供,等陛下派去的人一走,他们就会惨遭毒手。现在,感谢老天爷降下灵气,让陛下有所觉悟,将那些凶狠恶毒的小人都加以诛杀,使朝廷平安。从今天起,臣以自己的性命和一家百口的性命保证朝廷内外文武百官再也没有谋反叛逆之人。恳请陛下今后如果得到告密文件,请暂时收拿,不要急着审问。如果查验有证据,谋反叛逆是事实,臣愿意领受知情而不告之罪。"

姚崇的话等于是替文武百官做了保证。

女皇听了,很高兴地说:"以前宰相们都顺着酷吏们,造成严重的后果,陷朕为淫刑之主。现在听卿所说,甚合朕心意!"

于是,女皇赏给姚崇白银千两。这给了女皇一个下台阶的机会,也表明酷吏时代的结束。

第二十九章 皇嗣李旦如履薄冰

武承嗣的野心是争取皇位继承权,这是人尽皆知的事,他的最大障碍是皇嗣李旦。这让李旦十分忧心,深恐自己会被武承嗣杀害。

唐睿宗李旦把皇位让给母亲，就被降级为皇嗣。皇嗣就是皇位继承人，就是太子，应该仍然有崇高的地位。但是，李旦自退位后，便处在很困窘的环境中。

女皇的两个侄儿武承嗣和武三思都有意争取太子之位。女皇对于将来要把皇位传给儿子抑或侄儿之事，也一直犹豫不决。

长寿二年（693年）正月，女皇在万象神宫举行祭典，皇亲国戚和文武百官都参加。祭典中有三个人要主持献祭。女皇初献，就是第一个献祭者；武承嗣为亚献，是第二个献祭者；武三思为终献，是最后的献祭者。主持献祭代表着身份和地位。作为皇嗣的李旦没有主持献祭，只是和皇亲国戚、文武百官一样，默默地站在旁边而已。这让所有参与祭典的人都感到惊讶，皇嗣的地位竟然比不上武承嗣、武三思，也让人担心皇嗣的处境会不会有危险。

女皇身边有个侍女，名叫韦团儿，聪明伶俐，办事能干，深得女皇的信任。女皇常派她去办事，她就有机会和皇嗣李旦接触。

韦团儿对李旦极有好感，内心产生爱慕。

有一天，韦团儿来到东宫，见李旦一个人独自坐在书房里发呆，旁边无人，便悄悄走进书房，一把抱住李旦。李旦猛然一惊，发现是韦团儿。李旦原本就不欢喜她，于是站起身来，用力将韦团儿推开，并且斥责说："岂可无礼，你给我出去！"

韦团儿羞愧地低着头出去了，像是被重重地击了一拳，怨恨之心油然而生，嘴里轻轻喊着说："我要报仇！"

过了几天，韦团儿偷偷地用木头刻了两个木偶，埋在东宫的院子里，然后向女皇报告说，皇嗣的妻子刘氏和妃子窦氏二人暗中诅咒女皇。

"你怎么知道？"女皇好奇地问。

韦团儿一本正经地说："是东宫的人和我聊天时说出来的。他们说，刘氏和窦氏请了道士来施法术，还埋了木头人儿在土里。"

"哦，有这种事？你去把木头人儿挖出来看看。"女皇有些生气。

韦团儿轻易地就把两个木偶挖出来，交给女皇。

过了不久，有一天，刘氏和窦氏进宫去见女皇，但两人并未出宫，人就失踪了。当时传说，二人是在皇宫中遭到杀害，但尸体不见了。

当然，最忧虑的人是皇嗣李旦。妻妾在皇宫中失了踪，他却不敢向女皇报告，更不敢要求追查，因为他也不知道这事是不是他的母亲干的。他亲眼看到母亲怎样对待王皇后、萧淑妃和自己的两个哥哥，对母亲的恐惧之心超过了敬爱之心，他绝对不敢惹母亲生气，只能默默忍受失去妻妾的伤痛。

过了几天，皇嗣李旦进宫去看女皇，绝口不提刘氏和窦氏失踪的事，表现出一副恭恭敬敬的样子，装得若无其事，用笑脸来讨好女皇。

韦团儿接着又想设计陷害李旦。幸好有一个宫女常和韦团儿在一起，知道她的诡计，觉得李旦是个好人，韦团儿实在太狠毒了，便将她的计谋以及假造木偶的事报告女皇，女皇大怒，立刻将韦团儿处死。

在皇宫里失踪的窦氏，原先被封为德妃，是唐玄宗的生母。窦氏的父亲窦孝谌担任润州刺史，他的一个家奴假装有妖怪在窦府出没，制造一些恐怖的异象，让德妃的母亲庞氏心生畏惧，这家奴就怂恿庞氏找来术士，念咒作法来消除妖魔。

这时，来俊臣还没死，酷吏仍然横行。其实，这家奴受酷吏手下的告密者收买，所谓的妖魔出现和请术士来家作法都是家奴有意安排的。等到庞氏中计，请术士来作法，家奴就去告密，说主人诅咒女皇，图谋不轨。这种利用家奴来告发主人是酷吏们常用的伎俩，这种把戏总是把主人弄得家破人亡。

庞氏被告，朝廷立刻派监察御史薛季昶前来查办。薛季昶想利用此案立功，便诬奏庞氏和德妃一同用巫术诅咒皇帝。由于庞氏是皇嗣李旦的岳母，其事非小，女皇便召见薛季昶。薛季昶在女皇面前做了一场精彩的表演，眼泪汪汪地说："庞氏所做的事太毒恶了，臣实在不忍说出来。"

女皇看到薛季昶的神情，觉得他忠心可嘉，便擢升为给事中，庞氏则被处斩首之刑。

庞氏的儿子窦希瑊向徐有功鸣冤，徐有功立刻上奏女皇，申诉庞氏无罪。女皇下令停止庞氏的死刑。庞氏的丈夫窦孝谌被贬为罗州司马，三个儿子被流放到岭南地区。

庞氏的案子使李旦坐立不安，因为关系太密切了，非常容易被诬陷而牵连进去。幸好徐有功仗义执言，女皇免了庞氏的死罪。案子结了，皇嗣未被卷入，李旦暗暗庆幸逃过一劫。

这时，有裴匪躬、范云仙等几个老宦官，都是从前侍候过皇嗣李旦的人，到东宫来探望皇嗣。因事先未报告女皇，被酷吏告发，认为这几个人私自进入东宫有异谋，于是全被腰斩。从此以后，文武百官和百姓再也没有人敢去见李旦了。皇嗣李旦本来就不能随意外出，现在又没有人敢到东宫来看他，于是，他每天独自一人坐在家里，相当于被囚禁起来。

皇嗣李旦的另一个潜在威胁越来越大，那便是女皇的侄儿武承嗣，他正处心积虑地想抢夺太子的位子。

早在女皇登基以前，武承嗣就在暗中积极参与推动武后登上皇位的工作，像洛水"宝图"的把戏，就是他编剧、导演的。武承嗣还努力协助武后大杀李氏宗族，甚至将平定徐敬业扬州之乱有功的李孝逸杀掉，又和酷吏联手杀害武后的政敌。所以，武后能够成为皇帝，武承嗣实在是大功臣。武承嗣努力将姑母推上皇位，其目的完全在于私利，因为女皇登基，废去唐的国号，改为周，这就是改朝换代。唐朝灭亡，周朝兴起，原本李家的天下，现在换成武家的天下。武承嗣自认为在血统上，他是武家家族中的第一人。武家天下在女皇之后，他是最有资格的继承人。事实上，女皇虽然杀了武承嗣的父亲，但对这个侄儿却极为宠信。女皇登基时，封武承嗣为魏王，官居宰相。

　　武承嗣的野心是争取皇位继承权，这是人尽皆知的事，他的最大障碍是皇嗣李旦。这让李旦十分忧心，深恐自己会被武承嗣杀害。

第三十章 武承嗣的太子梦

将来究竟要把皇位传给谁?是姓李的儿子,还是姓武的侄儿?这问题一直在女皇的心里打转。

女皇即位后，虽立李旦为皇嗣，但由于侄儿武承嗣有意夺取皇位继承权，动作频频，使皇太子地位之争成为朝廷上热门的话题。

天授二年（691年），就是女皇即位后第二年，武承嗣导演了一部"请愿剧"。洛阳人王庆之率领数百名老百姓来到洛阳皇宫前请愿，请求立武承嗣为太子。

宰相岑长倩得知请愿内容后，向女皇上了一道奏章，说："现在皇嗣在东宫，不应该有立嗣之议，请皇上将上书者训斥一顿，命令他们解散。"

女皇看了岑长倩的奏章，就问另一位宰相格辅元。格辅元的意见和岑长倩一样。于是，女皇令王庆之等人离开皇宫前。

武承嗣对岑长倩和格辅元恨之入骨。过了一个月，他指使酷吏诬告岑长倩、格辅元谋反，二人被杀。

岑长倩、格辅元既死，武承嗣便一再向女皇进言，请女皇接见王庆之，女皇终于应允了。

女皇见到王庆之，便直接问道："现在的皇嗣是我的儿子，你们为什么想废掉他呢？"

王庆之心里早有准备，从容地回答道："《左传》中有句话：'神不歆非类，民不祀非族。'当今是武家的天下，怎么能以李氏为子嗣呢？"

女皇觉得王庆之讲得有理。其实，这问题一直在她心里打转。她将来究竟要把皇位传给谁？是姓李的儿子，还是姓武的侄儿？始终未能决定。不过，她才坐上皇帝宝座一年而已，并不急着要解决这问题。

于是，女皇挥挥手，要王庆之退下，对他说："这是朕的家务事，无须你多费心，你回去吧！"

王庆之被泼了一盆冷水，仍不死心，跪在地上磕头不已，流着泪说："小人是一片忠心，为了大周的基业，陛下可以把我赶走，难道就不顾及子孙后代了吗？"

女皇见王庆之态度诚恳，便命身边的宦官交给他一张纸。这纸上有女皇的御玺印章，女皇对王庆之说："你的心意朕知道了。你暂且回去。以后再来，可将这纸条拿给皇宫守门的人看，守门的人会让你进来。"

王庆之欣喜若狂，拿到皇宫"入场券"，这可是别人都得不到的殊荣。过了两天，他拿着这张纸条到了皇宫，皇宫的守卫果然让他进去。在一个宦官的引领下，王庆之又见到了女皇。

王庆之不是一个有学识的人，只会背诵武承嗣教他的那一番话，于是把前天在女皇面前说的话再说一遍。女皇见他没有新意，便要他走了。

王庆之觉得进皇宫很新奇，能面见女皇更是可贵。食髓知味，于是，他每隔一两天就拿着纸条入宫，每次都讲一样的话，弄得女皇很不耐烦。

有一次，女皇便命人将王庆之交给宰相李昭德，要他将王庆之杖责一顿。

李昭德奉命将王庆之押到皇宫城门外，许多朝臣都来围观。

李昭德对朝臣们说："这个逆贼妄图请皇上废掉皇嗣，立武承嗣为太子，诸位以为如何？"有人响应道："此贼可恶可杀！"大伙儿随声唤："打！杀！"

李昭德说："奉皇上之命，杖责此贼。"

于是吩咐身边的军士们手持木杖、木棍，向王庆之用力挥打。不一会儿，王庆之就被乱棍打死了。

一场"劝立太子"的闹剧至此收场。

处理了王庆之后，李昭德向女皇报告结果，并且劝女皇确立儿子为继承人。

李昭德说："天皇是陛下之夫，皇嗣是陛下之子，陛下今有天下，当传之子孙，怎么能传给侄儿呢？陛下如果传给儿子，千秋万代以后可以永享儿孙们的祭祀。如果陛下传给侄儿，侄儿的宗庙里是不祭祀姑母的。"

李昭德的话让女皇陡然心惊。当时人们习惯认为女儿不是自己家的人，俗话说："嫁出去的女儿，泼出去的水。"出嫁的女儿在娘家是没有地位的，家族祠堂里不会为嫁出去的女人立牌位。

所以，李昭德讲得对，如果武家立了宗庙，宗庙里不会放女皇的牌位，因为女皇是武家嫁出去的女儿。传统中国人都重视死后要有自己的牌位,一方面可以接受子子孙孙的祭祀,一方面表示自己的地位。

如果将来在武家宗庙里连一个自己的牌位都没有,武家子孙不来祭祀她,那么她死后岂不变成孤魂野鬼了吗?同时,自己做过皇帝的光荣纪录岂不也被人忘掉了吗?

女皇陷入沉思,但一时还是不能决定。

第二年五月,李昭德觉得武承嗣的权势越来越大,深感忧虑,便向女皇诤谏,请女皇对武承嗣的权力加以限制。

女皇说:"承嗣是朕的侄儿,朕信任他不是理所当然的吗?"

李昭德很严肃地回答道:"陛下还记得隋炀帝杨广杀父夺位的事吧!姑侄再亲也超不过父子。儿子为了篡夺皇位还能杀害父亲,何况是侄子呢!现在,陛下的侄子武承嗣既封亲王,又当宰相,握的权势和陛下差不多,臣实在为陛下的皇位担心得很啊!"

李昭德所说的话,句句打动女皇的心。女皇自己有强烈的政治权力欲望,为了获得更大的政治权力,什么事都可以做。

隋炀帝杀父夺位之事虽不是她亲眼所见,但她深信是真实的事。为了争夺皇位,任何父子之情、君臣之义都可以不顾,姑母和侄儿虽是十分亲近,但姑侄之情能挡得住对权位的欲望吗?她相信欲望会打败感情。

于是,女皇理清了思绪,对李昭德说:"朕还未曾想到这一层。谢谢你提醒，朕会仔细思考。"

女皇即位时便立了退位的唐睿宗李旦为皇嗣，皇嗣就是皇位继承人。但谁都知道，皇嗣是一位无权、无势、不见踪影的人，甚至是被女皇收藏在箱子里的木偶，随时会消失。

反观武承嗣，却是积极培养权势，力争太子之位。难怪朝臣们觉得皇位继承人未定。

武承嗣没有停止营求太子之位的活动。长寿二年（693年），他策划了五千人联名上表，请女皇加尊号"金轮圣神皇帝"。

延载元年（694年），又策划了二万六千余人上书，请女皇再加尊号"越古金轮圣神皇帝"。第二年又请加尊号"慈氏越古金轮圣神皇帝"。

其实，这些尊号都是空虚的头衔，但对一个七十岁的女皇帝来说，仍旧有满足虚荣心的作用。

女皇也感觉到武承嗣对自己的忠诚，这对武承嗣争夺太子宝座绝对是有帮助的。

当时朝廷反对立武承嗣的朝臣中，李昭德无疑是态度最明显而且坚决的人。武承嗣当然十分痛恨他，经常在女皇面前说他的坏话，但女皇都未加理会。

有一次，武承嗣又在指责李昭德。女皇有些不耐烦地说："朕任用李昭德，晚上才可以安然睡着，你不要再多说了。"

看来，女皇是相信李昭德的。

于是，武承嗣和酷吏们联手，诬陷李昭德。女皇被酷吏们的谎言迷惑，也怀疑李昭德争功诿过，建立自己的权势，于是同意酷吏们的请求，将他流放到边远的岭南地区。

后来，李昭德又被诬陷，被处死刑。

李昭德虽被除掉，但武承嗣还是没有实现他的太子梦，因为女皇了解这个侄儿生活奢侈，无才无德，不是一个理想的继承人。

女皇对武承嗣做的一件强占妇女的事尤其不满。

左司郎中乔知之有一个妾名叫碧玉，长得美艳动人，能歌善舞。乔知之极为疼爱，不肯娶妻，把碧玉视为妻子，两人感情浓厚，是一对恩爱夫妻。

武承嗣听说碧玉貌美又多才多艺，便向乔知之借碧玉。乔知之不敢抗拒，把碧玉送进武承嗣家，武承嗣便霸占了她，不许她回去。

乔知之失去了碧玉，朝思暮想，便写了一首诗，偷偷送给碧玉。这首诗名为《绿珠篇》。

绿珠是西晋时石崇

《绿珠篇》（节选）

的妾,被孙秀霸占。绿珠执意不从,跳楼而死。绿珠和碧玉遭遇相似,乔知之假借绿珠之事来抒发自己的哀怨。

碧玉接到乔知之的诗,心如刀割,思念丈夫,却又逃不出武承嗣的魔掌,痛哭流涕,便投井自杀了。

碧玉死后,武承嗣从她身上搜出乔知之的《绿珠篇》,便指示酷吏诬陷乔知之谋反。乔知之被杀。

由于《绿珠篇》写得很动人,碧玉为情而死也很感人,于是这事就传遍了洛阳。人们无不为碧玉一洒同情泪,痛恨武承嗣的作为。

最后,这事也传到女皇耳中,使女皇对武承嗣更加不满。这也使武承嗣的太子梦未能实现。

第三十一章 求才若渴

女皇求才若渴的心在中国古代的皇帝中是很少见的,当然,她求才是要巩固自己的权位。

女皇是一个极有政治权谋的人。她重用酷吏，造成恐怖政治，但酷吏只是她铲除政敌的工具。这些酷吏如最受宠信的来俊臣、周兴等，官位都不高，也都没有进入中央政府的中枢——宰相群之中。

事实上，女皇在政治上有许多正面的、利国利民的作为，使她得以安安稳稳地统治这个王朝。

女皇曾在唐太宗身边十二三年，受唐太宗和贞观年间政治气氛影响很大。所以当她掌权时，无论是以皇后、太后身份干政或是以皇帝身份主政，都想学唐太宗，想要重现贞观盛世。

造成唐太宗贞观之治的重要因素是任用人才。

贞观年间政治舞台上才德兼备的大臣极多，如房玄龄、杜如晦、魏徵、长孙无忌、王珪、戴胄、温彦博、高士廉、马周等，不仅学识渊博、行政经验丰富，而且品德操守良好。他们是推动贞观之治的主力，如果没有这些人才，贞观盛世是无法形成的。

女皇深知人才的重要，所以在她掌权之后，便全力选拔人才。她多次下诏求贤，说："周朝、汉朝之所以兴盛，在于广选贤良。历观前代的兴衰，莫不由此。渡河得用舟船，建屋须得栋梁，治理国家必须依靠一大批能干的文臣武将。我自从掌握国家大政，废寝忘食，都在渴望寻求贤良。我多次下令和派人四处招揽贤才，深恐在杀猪、捕鱼的人群中有贤才被埋没，怕在山泽和园林里有贤才被遗弃。我希望普天之下，人才都可以出头。我要求大家来荐举人才，如果得到人才，一定会不限资格，予以重用。"

女皇渴望人才的话不是冠冕堂皇的空话，事实上，女皇有许多具体措施和表现都证实广求贤才是她的心意。

以科举为例。科举就是分科举人，也就是分成许多科别，如进士科、明经科、明法科、明算科等，以考试的方法来选拔人才。

科举创始于隋炀帝时，唐高祖、唐太宗时都举行科举，但录取的人很少，也没有受到重视。

唐高宗时，武后执政，才开始重视科举，尤其是进士科更是受到特别重视。

女皇即位的第一年，在洛阳举行了一次规模宏大的考选。考生经过全国各州初试及格，到洛阳参加大考。

除了笔试之外，女皇还在宫殿里面对面加以口试。皇帝亲自一对一和考生谈话，这是前所未有的创举。口试的内容十分广泛，可以说不限范围，从儒家经典、文学诗词到政治、经济、国际大势，再到人生观，无所不包。女皇自己学识渊博，且阅人多矣。所以，除了听考生的回答是否正确，言辞是否流畅之外，还要看考生的仪态举止，人品是否端庄。

由于人数众多，女皇花了好几天才口试完毕。这种形式的考试可以反映出女皇是诚心诚意在求才。

除了科举之外，还有制举。

科举是每年一次的定期考试，制举是皇帝视需要而随时举办的考试，以选拔各种人才。

今日的广东、广西、贵州等地在唐代时，经济尚很落后，许多地方还未开发，像是蛮荒之地，是唐朝政府最常流放罪人的地区。女皇对这些地区也没忽视，宣布每四年中央要派官员去这些地区选拔人才，称之为"南选"。

此外，女皇常常要求大臣们推荐人才，对于大臣们推荐的人才，女皇都会任用，例如张循宪推荐的张嘉贞。

张循宪以侍御史身份受命到河东去巡访民情，遇到一个老百姓叫张嘉贞，张嘉贞曾担任过一个县政府的小官，后来不知什么原因被免职了。

张循宪听当地人说，张嘉贞很有才能，便召见他。两人对谈，张循宪发现张嘉贞才思敏捷、条理分明，便请他担任自己的秘书，帮忙写奏章。张循宪的奏章常得到女皇的夸奖。他回到洛阳晋见女皇，向女皇坦白自己的奏章都是张嘉贞代写的，张嘉贞是有才能的人，请女皇不计门第，不论资格，给张嘉贞一个官职。

女皇对张循宪说："只要是人才，朕难道没有官职给他？朕要见见他。"

于是，女皇接见了张嘉贞。交谈之后，女皇非常满意，立刻任命他为监察御史。

张嘉贞任职表现杰出，官位步步高升，到唐玄宗开元年间官至宰相，是唐朝的名相之一。

有一次，女皇向宰相狄仁杰请求推荐人才。狄仁杰说："陛下要擅长文学的人才，现在的宰相李峤、苏味道便是。难道陛下要找一个为国家办大事、定方针的人吗？"

女皇笑着说："你猜中我的心意了。"

于是，狄仁杰向女皇推荐张柬之。张柬之正担任荆州长史，女皇不久就提升他为洛州司马。

过了几天，女皇又要求狄仁杰推荐人才。狄仁杰说："上次臣推荐张柬之，陛下还没重用呢！"

女皇说："朕已经把张柬之升任洛州司马了。"

狄仁杰说："臣推荐张柬之是当宰相，不是当地方官啊！他还没有发挥才干呢！"

女皇顺从了狄仁杰，任命张柬之为秋官侍郎（刑部侍郎），后来，升为宰相。

女皇相信大臣们推荐的人才。大臣们也确实把真正的人才推荐给女皇，像宰相朱敬则推荐了魏知古、裴怀古，裴行俭推荐了黑齿常之、李多祚，娄师德推荐了狄仁杰，狄仁杰推荐了姚崇、张柬之、桓彦范、敬晖等，这些人都是一代名臣或名将。

女皇还有一项用人的创举，就是开设武举。

以前，武官几乎都从军中选拔，女皇要从老百姓中选拔有才干的武职官员，便在科举中增加武举。武举考试当然侧重在骑马射箭等，考试录取后，由兵部派任官职。

女皇登基的那年，派出十道存抚使，把全国分为十个道，每道派一个中央官担任存抚使。

存抚使的主要任务是收揽人才，存抚使跑遍了田舍农家、山林深谷，察访人才。过了一年多，十道存抚使回京，共推荐了一百三十人，女皇亲自一一召见，全部给予官职。

于是，朝廷里忽然多出一大批官员。这些官员先是试用，任某个官职，也称为"试官"。试官最多是补阙、拾遗，补阙、拾遗是谏官，职责是诤谏君主，没有员额限制。

当时有人很不满政府中突然增加了太多官员，就讽刺说："补阙连车载，拾遗平斗量。"不过，女皇对这些试官是严加考核的，如果试官称职，就可以成为正式官员，如果不称职，就会被撤职，如果滥用职权或违法渎职，甚至会被处死刑。

女皇热心选择人才，不讲门第，不限资格。

有一次，女皇要宰相们每人推举一人到尚书省担任郎官，每位宰相都推举了一人。

轮到狄仁杰，他推荐了儿子狄光嗣。其他宰相听了都叫起来："你怎么可以推荐儿子？"女皇却拍手大笑说："好！好！内举不避亲，这是美事！祁奚内举的故事再度重演。真是好极了！"

女皇所说的祁奚是春秋时期晋国人，任中军尉，年老要求退休。晋悼公问祁奚谁适合接任他的职位。祁奚推荐他的仇敌解狐。解狐将要就任时病死了，祁奚又推荐自己的儿子祁午。这就是"外举不避仇，内举不避亲"的故事。

女皇甚至还重用仇人的后代子孙。当年上官仪向唐高宗建议要废掉武后，武后大怒，将上官仪和他的儿子上官庭芝处死。上官仪的孙女上官婉儿年纪幼小，被收入皇宫做奴婢。

上官婉儿天性聪敏，擅长写文章诗词。十四岁那年，她写了一首七言诗，优美典雅，被喜爱文学的女皇看到了，十分惊奇她的才华，便召到身边。女皇知道她是上官仪的孙女，但毫不计较，指导上官婉儿读书作文、讲解国家大事。几年的训练后，女皇有时会让上官婉儿代为批阅朝臣们的奏章，甚至代为草拟诏书。

上官婉儿画像

上官婉儿原本把女皇看成杀祖杀父的仇人，后来竟转变成女皇的忠实拥护者。

　　女皇求才若渴的心在中国古代的皇帝中是很少见到的。当然，她求才的目的是要巩固自己的权位。

第三十二章 「国老」狄仁杰

女皇对身旁的臣子说：「国老年纪大了，屡次要求告老还乡，都被朕强留下来。每次上朝，看到国老下拜，朕心中总是感到不忍。从今以后，国老上朝不要下拜。」

最受女皇尊敬的人是狄仁杰。

狄仁杰担任宁州刺史时，勤习政务，爱护百姓，提倡教育，发展经济，执法公平，深受百姓爱戴。百姓们为狄仁杰立了一个石碑，记述他在宁州所推行的德政。

有一年，御史郭翰奉命到甘肃一带察访民情。宁州在甘肃，郭翰听到狄仁杰的名声，便报告武后。武后提升狄仁杰为江南巡抚使。

女皇即位的第二年，召见了狄仁杰，对他说："你担任地方官，有许多善政，朕都知道。朝中有些大臣在夸奖你，但也有人在说你的坏话。如果你想知道说坏话的是谁，朕可以告诉你。"

狄仁杰表情严肃，回答道："陛下如果认为臣有过失，臣当尽力改正。如蒙陛下明白告知，乃是臣的大幸。但臣并不想知道那说臣坏话的是谁。因为臣不知道那人在说我的坏话，我反而可以和他正常相处，和他一起做事也不会有心理上的负担。"

狄仁杰的回答大出女皇意外，因为一般人都想知道谁在背后骂自己，这是人性。不料，狄仁杰竟然不想知道谁在骂他，也不想追究。这样宽广的心胸真是可佩。于是，女皇决定任用狄仁杰做宰相。

狄仁杰为人正直，当然会得罪很多人，就常有人告密，说他谋反。酷吏们更是讨厌狄仁杰。狄仁杰曾被关入监牢，判处死刑，幸亏女皇下诏挽回，但仍不免被贬官到边远的地区去。不过，一两年后，女皇总会将狄仁杰召回，仍旧担任宰相。

狄仁杰在朝廷上以敢于直言诤谏而闻名。有一次，女皇想建造一座大佛像，预计要耗费几百万钱。由于政府财力不足，女皇准备让全国的和尚、尼姑每人每天捐出一个铜钱，以补助建筑费用。狄仁杰向女皇诤谏道："臣听古人说过，治理国家要以照顾百姓所需为优先。现在的佛教寺庙，建筑华美，雕梁画栋，奢侈已极，其建造费用之多，有时超过皇宫。这些建筑不是鬼神所造，而是凭借人工建造。建筑材料不会从天而降，而是依靠土地生产。无论是人工还是建材，岂不全是由百姓来负担吗？现在百姓的生活本来就很困苦，政府的徭役又多。和尚、尼姑不事生产，他们用各种方法来威逼利诱，让百姓捐献钱财。和尚、尼姑受到政府优待，免租税，免徭役，这让许多百姓削发去当和尚、尼姑。和尚、尼姑的数目越来越多，从事生产者越来越少，百姓的负担越来越重。臣每想到此事，心里就会忧虑不已。近年来边境不安定，突厥、契丹常来侵犯，而国内水灾、旱灾不断发生，如果再建造佛像，大兴土木，百姓的负担就更重了。陛下要做功德，何必要经由造大佛像，落一个劳民的名声呢？陛下要和尚、尼姑每人出一个铜钱，其实数目并不多，大部分费用还是政府支付。佛教是以慈悲为怀的,陛下信佛,就要体恤百姓的疾苦,应该节省人力、物力,所以,请陛下停止兴建大佛的工程。"

女皇觉得狄仁杰说得有理,便下令停建大佛。

圣历元年(698年),北方的突厥侵犯赵州、定州等地。女皇任命狄仁杰为河北道元帅,狄仁杰领兵打败突厥,突厥退出河北地区。女皇又任命狄仁杰为河北道安抚大使,任务是安抚被突厥占领过的河北地区的民心。当时河北地区的百姓在突厥统治时,很多人在迫胁之下,曾为突厥做过事。突厥退去以后,那些百姓十分害怕朝廷会追究他们的罪,内心恐惧不安,纷纷藏匿起来。狄仁杰在河北地区了解状况后,便向女皇上了一道奏章,说:"河北地区曾被突厥占领过一段日子。在占领时期,有许多河北百姓受了威胁,不得不为突厥做事。有的人做了突厥的官吏,有的人在突厥军队中当兵。现在突厥退去,这些人并未随突厥而去,仍留在他们的故乡河北。最近听说朝廷中有些大臣指责那些曾为突厥做过事的人,说他们叛国,应予处死。如果朝廷果真下令要处死那些人,那将引发河北地区百姓心理的恐慌,河北地区恐怕就不安宁了。东汉末年,董卓作乱,押着汉献帝从洛阳到长安。后来董卓被杀,执政者没有赦免董卓的部属,使董卓的部属人人自危,生怕被处死。于是董卓的部属起来作乱,政府无法控制,终于酿成大祸,使东汉政权崩溃。臣每读到这段历史,总会停下来叹息不已。现在,河北地区那些曾为突厥做过事的人为数不少，他们深恐受到处罚，纷纷逃到深山之中，这是潜伏性的危险。如果朝廷能宽大处理，他们一定会回到自己家乡，过安定的生活。如果不能采取宽大政策，那时恐将激发成一场祸乱。人主恢宏大度，不必拘泥于常法。臣请求陛下赦免河北地区的臣民，不再追问他们在突厥统治时的行为，准他们回到家乡。这样河北地区就安定了。"

女皇批准了狄仁杰的奏章，河北地区果然安定了。

可见女皇对狄仁杰是十分信任和尊重的。

有一次，狄仁杰陪女皇到郊外游玩，忽然刮起一阵大风，把狄仁杰的头巾吹掉了，马也受惊而狂奔。女皇立刻叫身边的太子去为狄仁杰拾起头巾，并叫侍卫上前去为他勒住马。风止住了，狄仁杰戴好头巾，女皇看他安然无恙，才放心继续游览。

狄仁杰为官清廉，绝对不收贿赂，家境并不富裕。女皇知道他生活俭朴，便送了一幢住宅给他，还送了一件亲手制作的袍子。朝中大臣们看得心里酸溜溜的。女皇知道大家吃醋，便对群臣说："朕这样做，是奖励守正道、守清廉的人，位居显要、官至宰辅的人也要学着如此才行啊！"

狄仁杰向女皇报告，自己年老体衰，请求告老还乡。女皇不肯放人，要他继续担任宰相。

女皇挽留狄仁杰是很诚心的，她十分尊敬狄仁杰，称呼他为"国老"。

女皇对身旁的臣子说："国老年纪大了，屡次要求告老还乡，都被朕强留下来。每次上朝，看到国老下拜，朕心中总是感到不忍。从今以后，国老上朝不要下拜。"

当时的规定，宰相要在办公厅轮流值班。值班的宰相夜晚也要在办公厅守候，以应对紧急突发事件。女皇顾念狄仁杰年迈体弱，特别准许他不用夜间值班。

同时，女皇又嘱咐朝臣，除非有大事，否则不要去麻烦狄仁杰。

女皇的态度处处都显示出对狄仁杰的尊重和爱护。

圣历三年（700年），狄仁杰病逝，女皇痛哭流涕，对群臣说："国老去世，朕感觉到殿堂好像空了。"此后，每遇到朝廷大事宰相们不能决断时，女皇都会说："老天爷不照顾，为什么夺走了朕的国老啊！"

女皇对狄仁杰的那种怀念之情，是十分难见的。

第三十三章 女皇的男宠们

女皇这时年龄已过七十,但身体仍然健壮,亲自处理政务,不觉疲劳。但是夜晚孤寂的感觉却笼罩在她心头。她需要男人,需要身旁有可以说话、嬉笑、陪伴的男人。

唐高宗去世时，武后年纪已经六十岁。不过，武后身体健康，完全没有老态，而且精力旺盛。在白天，武后面对群臣，处理国家政务，神采奕奕，生龙活虎一般。到了夜晚，武后独处皇宫，虽然左右有宫女和宦官，但是缺少可以谈话、引起乐趣的对象，尤其睡在宽大的床上，更是觉得孤单和寂寞。

武后芳心空虚，被千金公主猜到了。千金公主觉得一个讨好武后的机会来了。

千金公主揣摩到武后身心的寂寞，便把冯小宝推荐给武后，冯小宝成为武后的第一个男宠。冯小宝后来改名为薛怀义。他恃宠而骄，让武后也心生畏惧，便杀了他。

女皇即位后，又宠爱御医沈南璆。但不久沈南璆患了重病，不能侍候女皇，女皇又回到孤单的皇宫生活。

女皇这时年龄已过七十，但身体仍然健壮，亲自处理政务，不觉疲劳，但是夜晚孤寂的感觉却笼罩在她心里。她需要男人，需要身旁有可以说话、嬉笑、陪伴的男人。这种需要，与其说是情欲的渴求，不如说是心理上的渴求。在生活上，宫女和宦官随时会照顾她，一切衣食住行都没问题。但她心里是空虚的，她渴望男人和她能有贴身的亲近，当她在夜晚的皇宫内室，恢复女人本色的时候，让她拥有家庭中夫妻的欢乐。纵使在白天遇到一些棘手的政治事务，她回宫来也可以找到贴心的人一起商量。

唐朝初年正值儒学衰微的时期，儒学中的礼教思想还没有成为社会的主流。在缺少坚强礼教观念约束之下，唐朝的社会呈现出男女关系相当开放的景象，女人守贞节的观念尚未普及，于是，男人嫖妓纳妾是普遍认可的事，女人的婚外情也不视为怪异。唐朝初年公主们有情夫几乎是很普通的事，唐朝宫廷里皇帝乱伦的事屡见不鲜。

在这样开放的社会里，女皇芳心寂寞，要寻求情夫，并不是惊世骇俗的事。女皇把薛怀义当男宠，自己并不觉得羞耻，而朝臣和百姓也没有指责她不守妇道。

万岁通天二年（697年），女皇的女儿太平公主将一个美少年张昌宗推荐给母亲。张昌宗年少貌美又擅长音乐，让女皇十分欢喜，立刻成为她的男宠。

张昌宗是河北定县人，也是官宦之家出身。族祖张行成在唐太宗贞观末年做过宰相。父亲张希臧做过雍州司户，那是一个地方政府的七品小官。

女皇把对薛怀义的恩爱给了张昌宗。张昌宗也对女皇赤裸裸地表示忠心和热诚，令女皇很满意。

有一天，张昌宗跪在女皇脚前，露出满脸愁容。女皇问道："你今天有什么心事？为什么一副闷闷不乐的样子？"

张昌宗回答道："臣进宫不少日子，承蒙陛下恩宠，深感荣幸。但臣心里总是有些不安，因为臣有一个哥哥，官职还很卑小。可否请陛下准许哥哥也进宫来，一同侍奉皇上？"

女皇笑着说："看来你们兄弟很友爱呀！你哥哥叫什么名字？他的官职是什么？"

张昌宗仰起头，回答道："臣的哥哥叫张易之，在尚乘局当奉御。"

女皇点点头。她知道尚乘局是殿中省的一个单位，掌管马匹。奉御是最基层的小官，便接着问道："你为什么要推荐你哥哥？"

张昌宗用很认真的语气回答道："我哥哥的长相比我还要美，也擅长音乐，又会炼长生不老之药。我觉得他如果能进宫来和我一同侍候陛下，对陛下会更有益处。"

女皇拉起张昌宗，笑着说："好吧！你明天就把你哥哥带进宫来！"

第二天，张昌宗便引领张易之进了宫。女皇看到张易之，长得健壮，皮肤又白又嫩，相貌俊美，两眼传神，果然是一个绝色的美男子。

女皇满心欢喜，对张易之说："听说你多才多艺，可以表演一下吗？"

于是，张易之在女皇面前拿起一把古琴，弹了一支乐曲，又唱了一首歌。张易之歌喉嘹亮，音色甜美，女皇向来喜欢文学和音乐，听了十分兴奋，赞赏不已。

当然，张易之就被留在宫中，也成了女皇的男宠。

张易之、张昌宗两兄弟在宫中，每天都抹粉、抹胭脂、擦口红，刻意打扮自己，就像今天的电影明星或模特儿一样，每天花很长的时间为自己化妆。

张易之、张昌宗虽然每天在宫里，女皇仍然赐给他们官职。张易之为司卫少卿，张昌宗为云麾将军，行左千牛卫中郎将。司卫少卿是唐朝中央政府中九寺中司卫寺的副首长，四品官；云麾将军是武散官，三品官。当然，他们都是享俸禄、居高位却不管政务的官。

张易之、张昌宗兄弟极得女皇的宠爱。女皇经常赏赐他们金银财宝，还赐给他们豪华的住宅和众多的奴婢。

张易之、张昌宗的父亲已经去世，母亲臧氏仍活着。女皇恐臧氏守寡感到孤独，便下令要凤阁侍郎（中书侍郎）李迥秀做臧氏的情夫。这种指定一个官员来做某个女人的情夫的事，在中国历史上是绝无仅有的。

张易之、张昌宗兄弟的任务是陪伴女皇游宴玩乐，于是女皇的宴会多起来了。女皇常在内宫设宴，请武家的亲戚作陪。有时也会邀请一些态度轻薄、性喜巴结的官员和文人参加。酒席之间，张易之兄弟会讲一些黄色笑话，逗得大家哄堂大笑，又会拿参与宴会的人开玩笑，又会弹琴唱歌，使得原本严肃冷静的皇宫变成欢笑不断的场所。这是女皇以前从来没有体验过的生活，她好兴奋。后来，张易之兄弟竟然教女皇玩纸牌，女皇也觉得十分有趣，便常和张易之兄弟、武家亲戚在皇宫内室玩牌。

女皇对张易之兄弟的宠爱不但超过薛怀义，更是超过自己的儿子、女儿。朝臣们看在眼里，自然对张易之兄弟毕恭毕敬，连武家亲戚，包括武承嗣、武三思在内，都在巴结张氏兄弟，经常等候在张易之兄弟的家门口，争着给张氏兄弟牵马执鞭。那种卑躬屈膝的样子不像是朝廷大臣和皇亲国戚，倒像是一群低贱的小人。他们不敢叫张易之兄弟的名字，便称呼张易之为五郎，张昌宗为六郎。

在朝廷中，有一批习惯于趋炎附势的朝臣便尽力依附张易之兄弟，想借他们达到升官或保持政治权位的目的。这些人中较著名的有宰相杨再思、苏味道等。以杨再思为例，他是个典型的奸佞小人，善于揣摩女皇的心意。女皇欢喜谁，他就吹捧，女皇厌恶谁，他就攻击。有一次，张易之的哥哥司礼少卿张同休宴请公卿大臣。酒宴中，张同休戏弄杨再思说："杨内史的相貌真像高丽人。"高丽是番邦，是在取笑他。不料杨再思站了起来，笑着说："少卿说得对，卑职像高丽人。"说着，他把紫袍脱下来，反过来穿，竟学高丽人，跳起高丽舞来，弄得满座大笑。堂堂宰相竟自扮起小丑来。

这时，有人夸奖张昌宗貌美如花，说："六郎面似莲花。"

杨再思立刻反驳说："不对！"

张昌宗听到有人夸他面似莲花，正感到得意，忽见杨再思竟然反对，便问道："为什么不对？"

杨再思装出一副献媚的笑容，尖着嗓子说："不是六郎面似莲花，而是莲花似六郎。"

满座响起了掌声，大家莫不佩服杨再思拍马屁的功夫。

第三十四章 太子宝座争夺战

如果要立儿子为太子,是该立庐陵王呢,还是立皇嗣呢?女皇不知如何选择。

女皇即位后，朝臣们最关心的是立谁为太子的问题。

当时，退位的唐睿宗名义上是皇嗣。皇嗣就是皇位继承人的意思，所以，皇嗣等于是太子。但是，大家都知道唐睿宗个性太软弱，没有处理政务的能力，而且又没有做皇帝的意愿，所以，唐睿宗并未被大家认为是真正的皇位继承人。

最想要争取皇位继承人宝座的人是女皇的两个侄儿：武承嗣和武三思。

武承嗣和武三思发动武家宗亲和亲武的朝臣向女皇游说，请女皇立武承嗣或武三思为太子。

他们的理由很简单：现在是武家天下，皇帝的宝座当然该由武家的子孙继承。从古以来皇位都是在一个家族内传承，如果换了外姓的人做皇帝，那便是改朝换代了。

武三思是武元庆的儿子，武承嗣的堂兄弟。武三思为人奸诈，善于拍马逢迎，很得女皇的赏识。

武三思为讨好女皇，建了三阳宫、兴泰宫等离宫，耗费政府大量资财。这些离宫是女皇外出游玩居息之所。

女皇登基以后，觉得天下都在自己手中，于是游兴大发，游过许多名山，拜过很多神仙庙宇，所以对武三思的安排相当满意，和武三思越来越亲近。女皇多次驾临武三思的家，赏赐极多。

武三思曾担任过天官尚书（吏部尚书）、春官尚书（礼部尚书）、内史（中书令），官居宰相，封梁王。由于受到女皇的宠爱，权势鼎盛。

但武三思本人心术不正，对于刚强正直的朝臣都加以猜疑、排斥，对于会吹牛拍马的人却大为欣赏。

武三思说："我不知道什么样的人是好人，我只知道对我好的才是好人。"他在朝廷中结党营私，最常勾结在一起的有兵部尚书宗楚客、将作大匠宗晋卿等。

此外，侍御史周利用、冉祖雍，太仆丞李俊，光禄丞宋之逊，监察御史姚绍之等五人是武三思的耳目眼线，他们把外面的消息传报给武三思，对批评武三思的人便加以诬陷。

朝臣们将他们五个人称为"三思五狗"。

武三思贪污纳贿，生活奢侈，欢喜摆场面，真像是暴发户。

《旧唐书》对"三思五狗"的记载

他的儿子受武崇训封高阳郡王，娶唐中宗的女儿安乐公主为妻。结婚之日，大宴宾客，宰相、亲王、文武百官全都邀请，场面的盛大，堪称空前。从宰相以下，纷纷赋诗，以为庆贺。

武三思画像

武三思在朝廷中霸气十足。人们把武三思比作曹操、司马昭，觉得他是一个手握大权，摆明要夺皇位的奸雄。

武三思很会讨好女皇，又派朝臣轮流到女皇面前建议立自己为太子。

女皇有点心动，曾经默许武三思为太子，但在正式宣布以前，要征询一下大臣们的意见。

有一天，女皇召集大臣们开会，说："朕年老了，但还没有立太子。朕想挑选一人，你们认为谁最合适？朕心里虽然有一个人选，但还是想听听你们的意见。"

大臣们都猜女皇心中的人选就是武三思，于是有人提武三思，有人附和。

女皇见宰相狄仁杰一语不发，便对他说："国老有何意见？"

狄仁杰用极为慎重的语气说："太宗文皇帝历经艰难，建立基业，理应传给子孙后代。高宗天皇大帝将庐陵王和皇嗣托付给陛下。陛下现在却想把天下传给他族，这恐怕不合天意吧！何况姑侄与母子，哪个关系比较亲？陛下立儿子，则千秋万岁后，可以在太庙里有牌位，永远享受子孙祭拜。如果陛下立侄儿，臣未曾听过侄儿为天子，在太庙里会供姑姑的牌位。"

狄仁杰提出反对立武三思为太子的理由有二。

一是姑姑和侄儿的关系不如母亲和儿子的关系亲密。

二是如果女皇死后，儿子会在太庙里把母亲的牌位和父亲的牌位并列，一起祭拜；如果是侄儿，侄儿的太庙里会供奉父母的牌位，不可能放置已出嫁的姑姑的牌位。

狄仁杰所说的理由和已死的宰相李昭德所说的理由一样。

狄仁杰是女皇尊敬的人。他的话让女皇对立武三思为太子的事犹豫起来，于是取消了宣布立太子的行动。

如果要立儿子为太子，是该立庐陵王呢，还是立皇嗣呢？女皇不知如何选择。

过了几天，女皇召狄仁杰面谈，问他该立庐陵王还是皇嗣为太子。

狄仁杰建议将被流放到房州的庐陵王召回京，立他为太子。

其实，当时拥李派的朝臣们几乎有一个共识，那就是如果要立太子，以庐陵王为最恰当。所以，狄仁杰的建议实际上是反映朝臣们的意见。

圣历元年（698年）三月，女皇下令将庐陵王李显从房州悄悄地接回洛阳。

唐中宗李显在光宅元年（684年）被废为庐陵王，流放到房州。

他在房州过着被软禁的生活，身边除了妻子韦氏和几个婢女之外，就是女皇派来监视他的卫士。他不能和外界人士接触，也不能外出游玩，每天困坐室内，心中十分烦闷。更可怕的是自己完全不能掌握未来，每次听说洛阳有使者来房州，他就被吓得全身颤抖，因为他害怕母亲派人送来毒药或赐死的诏书。

庐陵王用发抖的声音对妻子韦氏说："给我一包毒药，我先自杀算了。"

韦氏扶住庐陵王，温柔地安慰道："别怕！等使者来了再说，也许什么事也没有。"

庐陵王点头道："但愿如此。"但心里想到的却是他的哥哥太子李贤被杀的情形。

不久，使者到了，并没有带来毒药或赐死的诏书。

洛阳的使者每来一次，就给庐陵王带来一次恐惧和痛苦。幸好十几年过去了，庐陵王保住了命。

女皇终于下令将庐陵王召回洛阳，从房州到洛阳的行程是很秘密的，不但沿途州县的官吏未曾发现，连房州的官吏也被瞒住。庐陵王进宫也极为保密，朝廷官员毫无所悉。

女皇召狄仁杰一人进宫，商谈立太子的事。狄仁杰坚决主张立庐陵王为太子，说得慷慨激昂，满脸通红。女皇看到他的模样，深深觉得他是个正直刚强的社稷之臣，便向后方挥了挥手。

两个宦官引着庐陵王从帐幕后走了出来。

女皇笑着对狄仁杰说："还卿储君。"

狄仁杰看见庐陵王出现在眼前，一时愣住了。他没有想到庐陵王能够回到洛阳，这是日夜盼望的事，竟然成真。

他高兴地望着十几年未见的庐陵王，张开嘴笑着，眼泪却不由得流满了脸。

女皇看见狄仁杰喜极而泣的表情，也大为感动，对庐陵王说："快拜谢国老吧！是国老让你回宫的。"

狄仁杰摘下头冠，跪在地上，不断磕头，不断哭泣。

女皇命身旁的宦官将狄仁杰扶了起来。

看着这个老宰相很困难地爬起来，女皇心中有无限的感慨，对狄仁杰说："卿真是社稷之臣啊！"

狄仁杰对女皇说："王回洛阳是大事，朝臣们不可不知，应该让朝臣们在正式场合见到王。"

于是，女皇悄悄将庐陵王送到城外的龙门，命文武百官到龙门去欢迎庐陵王回来。

庐陵王回洛阳的事在朝廷中激起了波涛，大家议论纷纷，庐陵王是否会被立为太子？皇嗣的地位如何？武承嗣、武三思又有什么反应？

朝臣们感觉到这是政局转变的时刻。

受这件事影响最大的是武氏兄弟。庐陵王返回洛阳无疑是降低了武承嗣、武三思成为太子的可能性,当然会让武氏兄弟备感紧张。

圣历元年(698年)八月,武承嗣在忧郁的情绪下病死了。武家角逐太子宝座的人只剩下武三思一人了。

立太子之事像箭在弦上,女皇觉得不得不作一个决断了。

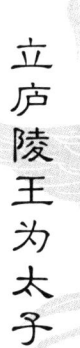

第三十五章 立庐陵王为太子

为什么女皇决定立儿子李显为太子而舍弃了侄儿武三思呢？因为女皇听从了宰相狄仁杰的劝告，但也有其他原因。

圣历元年（698年）九月，皇嗣李旦表示愿意放弃皇位继承权。于是，女皇正式宣布立庐陵王李显为太子，取消李旦的皇嗣头衔，改封为相王。

太子宝座经过八年多时间的争夺，终于有了结果。

为什么女皇最后决定立儿子李显为太子而舍弃了侄儿武三思呢？当然，最重要的原因是女皇听从了宰相狄仁杰的劝告。不过，也有其他原因促成了这事。

有一个传说：

女皇有意立武三思为太子。有一年，武三思得到一个美貌如天仙的妓女，名叫倚娘。

唐朝富贵人家是可以养家妓的，家妓经常是貌美而有才艺的女子，供主人娱乐宾客。武三思得到倚娘，便宴请大臣们。客人们都准时到了，只有狄仁杰没有出现。

宴会开始，武三思很不高兴地对客人们说："狄仁杰不来，太看不起我了。我要置他于死地，那太容易了。"

第二天，有个参与宴会的人把武三思生气的话告诉狄仁杰，并且对他说："你是社稷重臣，犯不着为这个小事和武三思结仇。不如去道歉一声，也就没事了。"

过了几天，武三思又在家宴请大臣们。这一次，狄仁杰提早到了武三思家，其他客人还没来。

狄仁杰对武三思说："上次承蒙邀宴，我因为家中有事，不能前来，还请多多原谅。"

武三思看到老宰相满脸笑容在赔罪，心里很高兴，便说："没有关系。我上次请客，是因为得了一个美貌又多才艺的女子，要请大家一起来喝喝酒，享受一下她的表演，并没有别的事。"

狄仁杰道："恭喜，恭喜！现在王爷可不寂寞了。"

武三思道："老相爷上次没看到，我把她叫出来。"

于是，武三思吩咐仆人去召唤倚娘。过了不久，仆人回来报告说，找不到倚娘。

武三思不相信倚娘会失踪，便亲自去找，找遍各处都没发现。最后，来到花园一个角落的一个小阁楼。这小阁楼是武三思的秘密藏宝处，一般人是不准进入的。

武三思忽然听到小阁楼里有人声，他很奇怪，小阁楼的门是锁住的，谁跑进去了呢？

"是谁在里面？"武三思对着小阁楼叫唤。

阁楼里传来倚娘的声音："我是倚娘，我并非凡间之人，乃是天上花月之妖。天帝派我来到人间，前来武家。天帝眷念李氏，天意不可违。我劝你勿存异志，这样才可以永保富贵，如若不然，武家将全被消灭。狄公是国之重臣，我不敢去见他。安定李氏天下的，就是此人。"说完，就没有声音了。

武三思打开小阁楼，里面并没有倚娘，只得回到客厅，向狄仁杰说，倚娘生了病，不能出来见客。

第二天，武三思进宫见女皇，向女皇报告昨天的奇事。女皇听后，觉得天意在李氏，便决意立李显为太子。

这个传说明显是虚构的。倚娘所说的话不利于武三思，他怎么会把倚娘的话报告女皇。

这段故事必定是拥李派的人编造出来的，不足为信。

还有一个传说：

有一天，女皇做了一个梦，梦见一只毛色鲜艳、体形巨大的鹦鹉，正在展翅飞翔，发出叫声。女皇平日欢喜鹦鹉，宫中养了许多，但从未见过如此美丽又巨大的鹦鹉，所以心中十分高兴。她正凝视着在空中飞翔的鹦鹉时，忽然，鹦鹉一声惨叫，坠落地上，她赶紧跑上前去，发现鹦鹉的翅膀断了，她急得大叫，于是梦醒了。

第二天，女皇把自己的梦讲给狄仁杰听，要他来解这梦是凶是吉。

狄仁杰沉思了一下，说道："鹦鹉的鹉和陛下的姓同音。这鹦鹉就是陛下。鹦鹉在天上飞翔，忽然坠地，是因为两个翅膀折断。陛下有两个儿子，这两个儿子如果被废掉，岂不像陛下的两个翅膀折断了吗？所以，陛下的梦是

狄仁杰画像

第三十五章 立庐陵王为太子

天意在示警,不要把翅膀折断啊!"

女皇觉得狄仁杰说得有理,便决定立儿子为太子。

在《新唐书·狄仁杰传》里也记载一个梦的故事:

有一天,女皇梦见和人玩"双六"。"双六"是唐朝流行的一种赌博性游戏。女皇每次都输。第二天,女皇问狄仁杰和王方庆,这梦是什么征兆?

《旧唐书》对狄仁杰的记载

两人异口同声地说:"'双六'不胜,是宫中无子。这乃上天假借'双六'暗示陛下,储君之位不可长久空缺。太子是天子的根本,根本不立,天子的地位也不稳固。陛下如立庐陵王,千秋万世就能安享太平了。"

女皇听了这番话,心中有些感悟,决定立庐陵王为太子。

女皇想要立庐陵王为太子似乎成为定局之时,又出现了一股推动力量,这推动力量竟是来自女皇的男宠张易之、张昌宗。

当时，张易之、张昌宗兄弟深得女皇宠爱，权势赫赫。天官侍郎（吏部侍郎）吉顼和张氏兄弟十分亲近。

有一天，吉顼和张氏兄弟在一起聊天。张昌宗对自己受到女皇过分宠爱，感到有些不安。他觉得他们兄弟二人的荣华富贵有点不踏实，生怕哪一天就消失了。

吉顼说："五郎、六郎的权势是依靠皇上而来的。现在皇上年纪大了，如果有一天不在了，你们失掉依靠，那时，你们的权势也就不容易保住了。"

张易之道："不错，我们正是为此感到忧虑。"

吉顼说："既然这样，你们要建立功勋，就是国家的功臣，权势就稳固了。"

张昌宗说："你说得对，但是我们兄弟又不会领兵打仗，怎么建立功勋呢？"

吉顼笑一笑，说："比领兵打仗更大的功勋啊！如今太子之位还悬缺着，武三思极力争取，但朝廷大臣中多数是倾向庐陵王的。如果五郎、六郎你们能在皇上面前表态支持庐陵王，将来庐陵王得位，你们岂不就是拥戴的功臣吗？这个功勋可够大啊！"

张易之、张昌宗觉得有道理，便向女皇建议立庐陵王为太子。

张易之、张昌宗是女皇的男宠。枕边细语，最有效力。这对立庐陵王为太子的事是有助力的。

然而，立庐陵王为太子的事临门最后一脚却是外力。

万岁通天元年（696年），契丹的李尽忠、孙万荣起兵反叛，先后攻陷了营州、幽州、赵州等地，在河北地区造成极大的骚动。契丹曾发布一个文告，说明反叛的原因。在文告中明确要求"还我庐陵"。后来契丹的乱事平定了。

到了圣历元年（698年）八月，突厥也出了问题。

原来突厥要求和亲。这次和亲不是突厥的首领娶汉人的公主，而是突厥的首领要求把女儿嫁给汉人的皇子。

女皇于是安排武承嗣的儿子武延秀去娶突厥默啜可汗的女儿。武延秀到了突厥境内，默啜可汗拒绝他前来迎娶，说："我世世代代受李氏大恩，所以我要把女儿嫁给李氏，为什么是武家的男人来娶亲？我听说李家只剩两个儿子还活着，我要出兵帮助李家的儿子复位。"

于是，默啜可汗起兵，攻陷了河北地区几个州县，情势越来越严重。

契丹和突厥起兵都以庐陵王为名，外部的压力让女皇产生危机感，于是在突厥起兵后一个月，女皇便正式宣布立庐陵王为太子。

当八月间突厥起兵时，中央政府派人到河北地区去募兵。应募的人很少，不到千人。

九月，庐陵王被立为太子。女皇下令以太子为元帅。百姓听说太子复出，纷纷响应。几天之内，应募者多达五万人。

其实，太子李显只是挂名元帅，并未亲自出征。女皇派狄仁杰为河北道行军元帅，他是真正指挥军队的司令官。狄仁杰从洛阳出发，女皇亲自送行。

　　这时，突厥已经把河北地区几个州县抢掠一空，听说庐陵王被立为太子，又挂帅出征，便撤兵退去。

　　当狄仁杰领兵到达河北时，突厥已经退兵。狄仁杰的工作变成安定河北地区的民心，让社会恢复秩序。

第三十六章 荒淫的晚年生活

女皇虽然已经七十多岁了，但她似乎觉得生活越来越有趣了，不但权力欲望得到大大的满足，而且皇宫里夜夜笙歌，有年轻貌美的少年男宠陪伴。如此人间仙境，她舍不得放弃。

女皇宠爱张易之、张昌宗兄弟，圣历二年（699年）正月，女皇设立了一个新机关，取名"控鹤监"，任命张易之为控鹤监的长官，张昌宗、吉顼、田归道、李迥秀、薛稷、员半千等政府官员为控鹤监内供奉。

内供奉也是女皇创立的官名，就是在宫内陪伴女皇之官。员半千受派任后心中感到不舒服，便上奏章给女皇，说：自古以来从未有控鹤监这个机关，而且也从未听说有内供奉这个官名。现在所任命的控鹤监内供奉多是轻薄之人，这个机关应该撤销。

女皇当然不会同意员半千的奏请，既然他不识相，就不必担任内供奉。于是，把员半千降级为水部郎中。

为了附庸风雅，女皇命张昌宗为控鹤监的修书使，负责编修《三教珠英》，就是把儒、释、道三教的经典中精华的文字汇集起来。

为了编修《三教珠英》，女皇命令精通文史的朝臣如张说、徐坚、阎朝隐、沈佺期、刘知几等二十六人进入内殿，参加编修工作。

当然，这些文学之士中有许多人和张易之、张昌宗等弄臣的风格是完全不同的。他们看不惯控鹤监内那些男宠弄臣们的作风和嘴脸，但不能不接受女皇的命令。

女皇要这些文学之士进入控鹤监工作，还有一个隐藏性的目的，就是要培养一个以张易之兄弟为首的新政治集团。这种方法早在女皇刚坐上皇后宝座时就用过。当年武后曾用过一批文学之士作为北门学士，后来成为支持她的一股政治力量。

女皇想起从前的经验，也派任了一批文学之士进入控鹤监，借编修新书之名，组成一个政治集团。

然而，张易之兄弟二人既无才又无德，这二十六位文学之士中除了吉顼、李迥秀、李峤、阎朝隐等少数几人愿意成为张易之、张昌宗的党羽之外，大多数的人都不肯依附张氏兄弟。

圣历二年（699年）二月，女皇到嵩山游玩，经过缑氏县，拜谒了升仙太子庙。

根据汉朝刘向的《列仙传》记载，升仙太子乃是周灵王的太子晋。太子晋曾到河南各地游玩，遇到浮丘公。两人谈得十分投机，于是相约隐居于嵩山。太子晋在深山之中三十多年，人们到山上找他，却找不着。有一天，太子晋忽然出现在他的一个朋友桓良面前，让桓良大吃一惊。

太子晋对桓良说："请你转告我的家人，七月七日在缑氏山山顶等我。"

七月七日那天，太子晋的家人来到缑氏山山下，看到缑氏山十分陡峭，爬不上去，便站在山脚下，仰望山顶。过了不久，太子晋骑了白鹤，来到山顶，和家人挥手。白鹤载着太子晋飞上了天。

太子晋骑白鹤升天本是传说的故事。女皇对这故事很感兴趣，亲笔写了一篇《升仙太子碑》。

女皇回宫后，仔细观看张昌宗，觉得他长得好美，像仙人一般，于是不自觉地把他比作升仙太子，并命人雕刻了一只大木鹤，双翅展开，命张昌宗穿上羽毛衣，手拿着笙，骑上木鹤，好像要飞上天的样子。女皇召了许多朝臣进宫来观看，大家拍手喝彩，纷纷作诗庆贺。

女皇虽然已经七十多岁了，但她似乎觉得生活越来越有乐趣，不但权力欲望得到大大的满足，而且皇宫里夜夜笙歌，有年轻貌美的少年男宠陪伴。这种生活真是人间仙境，她舍不得放弃。但是，她知道自己年事已高，恐怕来日无多。

于是，她和秦始皇一样，想到长生不死之药。

在江西南昌有个叫胡超的和尚，自称能配长生之药。女皇大喜，命胡超配药，费用多少，在所不惜。

圣历三年（700年），胡超把长生之药配好，耗时三年，花费上亿金钱。女皇服用长生之药，感觉很舒畅，宣布改年号为"久视"。

"久视"一词出自《道德经》："深根固柢、长生久视之道。"所以，"久视"就是长生的意思。

同年六月，女皇把控鹤监改名为奉宸府。宸代表皇帝居住的地方，奉宸府就是侍奉皇帝的机关。任命张易之为奉宸令，就是奉宸府的首长。

奉宸府摆明是侍候女皇享乐的机关。张易之兄弟便想尽办法让女皇沉醉在吃喝玩乐之中。

渐渐地，女皇觉得年轻的男人活力十足，令她欢乐。于是，她下令征召美少年为奉宸府的内侍奉。这个举动就像男皇帝下令物色美女为妃嫔一样。

右补阙朱敬则看不过去，便上奏章说："陛下的内宠有张易之、张昌宗就足够了。最近听说右监门卫长史侯祥等人不知羞耻，在外面公开宣称自己阳具壮伟，要毛遂自荐，到奉宸府当内侍奉。这事既无礼又不成体统，现在已经传开了，朝野尽知。臣担任右补阙，职责就是诤谏，所以，有这种传闻，不敢不奏。"

女皇看了朱敬则的奏章，说："如果不是卿直言，朕还不知道有这等事。"

于是，女皇赐给朱敬则彩绢百匹，以示奖励。

女皇真的不知道吗？这是很难令人相信的。奉宸府选召美少年是她自己决定的，而且她向来在外面眼线极多，消息灵通。她对朱敬则说不知道这等事，又赏赐他，乃是找台阶下。女皇赏赐朱敬则，表示自己是一个纳谏的贤君。原本做错了事，现在反而可以博得美名，女皇真是懂得政治的技巧啊！

张易之、张昌宗引女皇在后宫玩乐和控鹤监、奉宸府内部荒淫污秽之事，传播开来，成为街头巷尾人们私下谈论的话题。

有一天，太子李显的儿子邵王李重润和他的妹妹永泰郡主、妹夫魏王武延基在一起聊天，谈起宫中淫乱的事情。他们三个人都认为张易之兄弟不应该进入宫中，让原本神圣的皇宫变成声色场所。张易之兄弟真是罪人。

邵王李重润兄妹聊天的时候，隔墙有耳，被人窃听了。窃听的人密报张易之。

张易之心里有些害怕，因为李重润是太子李显的长子。唐高宗晚年时，李重润被立为太孙，是未来皇位的接班人。

张易之恐惧的是，如果未来李重润登上皇帝宝座，他们兄弟就必然被论罪。那时已经没有女皇保护，他们的下场一定非常可怕。为了自保，张易之决定请女皇下重手。

到了晚上，张易之在后宫侍候女皇。

女皇发现今晚张易之神色不对，那种欢乐的笑容没有了，换成一副愁眉苦脸的样子，就问："你今天为什么不高兴？发生了什么事？"

张易之立刻跪下来，手摸着女皇的膝盖，仰起头说："我不敢说。"

女皇摸摸张易之细白的嫩脸，笑着说："你说什么朕都不会怪罪你，说吧！"

张易之眨眨眼，轻声地说："邵王李重润和永泰郡主、魏王武延基三个人在批评陛下，说陛下荒淫无道，不配做皇帝。"

女皇一听，勃然大怒。她一直努力想学唐太宗，做一个圣贤明君。现在孙子、孙女竟然把她说成荒淫无道，是可忍，孰不可忍！

第二天，女皇召见太子李显，用严厉的口气说："你的儿子重润和女儿永泰郡主在骂朕，你知道吗？"

太子李显一听，吓了一跳，赶紧跪下说："儿不知道。"

女皇铁青着脸说："可见你管教不严，你该重重地处罚这两个小畜生。"

太子李显不断地叩头："是，是，请母皇饶恕他们一次。下次再犯，一定重责。"

女皇一拍桌子："下次？还有下次吗？有一次，就会有二次、三次。那不是和逆党一样吗？你的儿女，你要怎么处置，你看着办吧！"

女皇怒气冲冲地站起来，走了。

李显伏在地上，全身颤抖。他对母亲原本就十分畏惧，看到母亲大发脾气，让他想起十几年前自己从皇位上被拉下来的情景。一股寒意直通脑门，他几乎晕厥过去。

回到家里，李显立刻把儿子李重润和女儿永泰郡主找来，告诉他们发生的事情。

李显沉痛地说："皇上的意思很明显，是要你们死！"

重润和永泰郡主同时哭倒在地。女皇是他们的祖母，这世界上竟有如此狠心要孙子、孙女命的祖母，这是什么世界啊！

李显把儿子、女儿抱在怀里，三个人放声痛哭。

懿德太子墓阙楼图

最后，太子李显逼令儿子、女儿自杀。

手摸着儿子、女儿的尸体，李显的泪水像止不住的瀑布。他为儿女悲伤，也为自己悲哀。

他为什么要经历如此凄惨的人生？他痛恨降生在这个家里！

第三十七章 老迈的女皇力不从心

苏安恒敢于冒死一再上奏章请女皇退位,其实反映了朝廷中多数大臣的心意。而女皇一再容忍苏安恒的逼迫,也是感觉到大臣中拥护李家的势力相当强大,无法压制了。

太子之位既定，李家站上了正统的地位，将来会不会和武家发生政治权力争夺战？这是女皇内心担忧的问题。

圣历二年（699年）七月，女皇召集了两个儿子（太子李显和相王李旦）、女儿太平公主和武家的侄儿、侄孙们，一同齐集在万象神宫。

早在去年年初，女皇已经赐太子李显姓武。而相王李旦则在把皇位让给母亲时，就自请改姓武。至于太平公主则嫁给武攸暨。所以，这一天在万象神宫聚集的在名义上都是武家的人。

但是，女皇心里明白，太子和相王都是在特殊的环境下不得不改姓武，并非自愿姓武。

事实上，无论是法律的规定和社会习惯的认定，在中国古代都没有从母姓的说法，只有从父姓。所以太子、相王和全国臣民仍旧都认为太子和相王是李家人。

《新唐书》对太平公主的记载

女皇命令儿子、女儿、

侄儿、侄孙们在万象神宫的正厅并排跪下，祭拜天地，接着要他们宣读一份事先准备好的誓词。

誓词的内容强调李、武两家和睦相处，互爱互助，永不相争。宣誓完毕，女皇又带着儿子、侄子们到史馆。史馆内陈列了一块铁牌，铁牌上刻着他们刚才宣读过的誓词。女皇告诉他们，誓词已经列入史馆纪录，以后不可违背誓词。

誓约是立了，但是会不会遵守，女皇也没有把握。以女皇自己的想法，政治权力高于一切，誓约如果和政治权力相抵触，誓约只是空话而已，所以，她对于"明堂誓约"并没有抱什么信心。

宰相吉顼原是张易之、张昌宗身边的红人，又得到女皇的信任，所以步步高升，最后做到宰相。

久视元年（700年），吉顼被贬到偏远地区做小官，原因是和女皇的侄孙武懿宗发生争执。

有一天，吉顼和武懿宗在女皇面前争论：去年将突厥赶出赵州谁的功劳大。吉顼长相魁梧，才华敏捷。武懿宗个子矮小，而且有些驼背。

吉顼有点看不起武懿宗，声色凌厉，女皇看了很不高兴，说道："吉顼在朕面前都轻视我们武家的人，何况将来，岂可倚赖？"

过了几天，吉顼向女皇报告政务，引经据典，大发议论。

吉顼画像

女皇发起脾气来，指着吉顼说："你所说的，朕早就听过，不必多言。当年，太宗皇帝有匹马，名叫狮子骢，体伟雄壮，无人能驾驭它。朕为宫女，侍候在太宗皇帝身边，对太宗说：'妾能制之，但须要三件东西，一是铁鞭，二是铁锤，三是匕首。先用铁鞭打它。如果它不服，用铁锤敲它的头。如果还是不服，用匕首割断它的咽喉。'太宗称赞朕的强壮手法。今天，你岂能污朕的匕首吗？"

吉顼受到训斥，知道女皇把自己比作不驯服的马，要用匕首来对付他，吓得胆战心惊、汗流浃背，跪伏在地上，求饶命。

女皇看吉顼惊恐的样子，喝令他退回去。吉顼算是保住了命。

武家的人痛恨吉顼站在太子那边，觉得对武家不利，一定要除去，于是告发吉顼的弟弟假造资历而升官的弊案。这个弊案让吉顼受到牵连。吉顼被贬，流放到边远的州县当一名小官。

吉顼在离开洛阳之前，要求亲自向女皇辞行。女皇答应了，召见吉顼。

在皇宫的内殿，吉顼见到女皇，泪流满面说："臣今日远离朝廷，永远没有再见到陛下的日子了。臣想向陛下说句话。"

女皇看吉顼哭得可怜，便要宫女拿来一把椅子，让他坐下来。她温和地对吉顼说："不要激动，有话慢慢讲。"

吉顼说："一杯水，一块土，这两样会争斗吗？"

女皇说："水是水，土是土，各不相干，当然不会争斗。"

吉顼说："把水倒在土里，搅和成泥，水和土会争斗吗？"

女皇说："水和土融合在一起，当然没有什么要争斗的。"

吉顼说："把这块泥分为两半，一半塑造为佛像，一半塑造成玉皇大帝，会有争斗吗？"

女皇想一想，说道："佛像是佛教，玉皇大帝是道教，会有争斗呀！"

吉顼赶快跪下说："宗室和外戚各守自己的本分，则天下太平安定。现在虽然已立了太子，但太子人单势弱，而外戚个个都封王，势力强大。这是陛下使他们双方未来必有争斗，双方都不能平安啊！"

女皇叹一口气说："朕也知道未来双方会有争斗，但是情势已经到了这个地步，变不回来了！"

吉顼告辞出宫，黯然到遥远的边区去了。

第二年，大足元年（701年），有个叫苏安恒的人给女皇上了一道奏章，说："陛下受先帝的托付，受儿子的推让，敬天顺人，登上皇位，二十年了。陛下一定知道舜帝让位给禹，周公旦拥成王复位。舜是禹的族亲，周公旦是周成王的叔父，族亲和叔父尚且如此爱护晚辈，母亲对儿子的爱不是更深吗？现在，太子是非常孝顺的，又是正值壮年，如果让太子来统御全国，这和陛下亲身领导有什么差别呢？陛下年寿高，国家政务繁杂又沉重，实在劳心伤神，何不让位给太子，陛下可以安然享受人生的乐趣，常保圣体健康。观察以前历代治理天下，从来没有两个不同姓的家族同时封王的。现在梁王武三思、定王武攸暨、河内王武懿宗、建昌王武攸宁等都是承受陛下的荫庇而封王。臣觉得陛下千秋万岁之后，会造成麻烦，臣请求陛下将他们降封为公或侯，把他们安置在不重要的官位上。臣又听说陛下有二十几个孙子，至今没有封过他们任何爵位。这恐怕不是长久之计。臣请陛下封给他们王爵，为他们选择老师，教导他们孝敬的道理，让他们辅佐王室，作为皇家的屏藩，这样才是美好的事。"

如果在十年前，女皇看到像苏安恒这种奏章，竟敢劝自己退位，又要压制武家，必然大发怒气，一定将上奏章的人处死。

但是，现在她已经快八十岁了，自知来日无多，必须多考虑一下身后之事如何安排了。于是，她看了苏安恒的奏章，并没有生气，反而觉得是该想一想，便召见了苏安恒，赐给食物，加以慰勉。

过了半年多，苏安恒又上奏章说："臣听说天下者，高祖、太宗的天下也。陛下虽在皇位，实在是承受唐朝的旧基业。如今太子既已蒙召回，年龄已长，品德也好，陛下贪恋皇帝的宝座而忘记母子深厚的恩情，将来用什么面目来见李家的祖先？在高宗皇帝的陵墓前如何交代？陛下为什么要日夜忧虑国家大事，而不知道是走在幽暗的黑夜中吗？臣以为天意人事都显示，权位要归还给李家。陛下现在虽安稳地坐在皇位上，殊不知物极必反，器满则倾。臣知道说这些话很危险，但臣不惜自己的性命，顾念的是国家的安危。"

苏安恒的奏章几乎在逼宫，很容易被指为大逆不道，不但本身会不保，甚至会被族诛。

但是，很奇怪，女皇竟然容忍下来，没有惩罚他。

苏安恒敢于冒死一再上奏章请女皇退位，让太子复位，其实反映了朝廷中多数大臣的心意。而女皇一再容忍苏安恒的逼迫，也是感觉到大臣中拥护李家的势力相当强大，无法压制了。

这时女皇心里最担忧的事，就是吉顼临别之前所说的李家子孙和武家子孙的互相斗争。李家子孙是她的儿孙，武家子孙是她的侄孙，手心和手背都是她的肉，她不愿意看到两家斗得遍地流血。

但是，李家和武家的政治利益是相冲突的。李家权势强一定会让武家趋于弱小,武家权势强必然会威胁到李家的政权。双方为了巩固自己的政治权力势必要打击对方。

在"家天下"的政治体制之下,宗室和外戚的对立是打不开的死结。

第三十八章 大臣挑战男宠

张昌宗跑到张说身边,用威胁的语气说:"你赶快说,赶快说魏元忠如何说谋逆的话,快说!"

张说面对女皇说:"陛下请看,在陛下面前,昌宗尚且如此逼迫臣,何况在外面呢!"

女皇的男宠张易之有兄弟四人，除张昌宗也是女皇的男宠外，还有张同休、张昌期、张昌仪，都在朝廷做官，个个趾高气扬，贪赃枉法，做了很多坏事。

举一个例子。张昌仪做洛阳县令。

洛阳是中央政府所在地，县令官位正五品上，是中级官员。但张昌仪仰仗着哥哥张易之的权势，到处请托，政府官员都不敢不接受。有一天早上，张昌仪在上班的路上被一个姓薛的人拦住。姓薛的拿了五十两黄金和一张履历表呈给张昌仪。原来这姓薛的是在吏部等候任命做官的人。当时唐朝的制度是，取得任官资格者可以到吏部去报名请求任官。有任官资格却尚未任官在吏部等候派令的人称为"选人"。由于有任官资格的人多，而吏部官员空缺的员额少，所以选人往往要等很久。所以，这姓薛的竟公然向张昌仪贿赂，希望吏部赶快给他任官。张昌仪毫不在意地在大庭广众下接受了黄金和履历表。

张昌仪到了吏部办公厅，将履历表交给吏部侍郎张锡，嘱咐赶快派任官职。

过了几天，张锡发现张昌仪交来的履历表不见了，便跑去问他。

张昌仪指着他大骂道："你这不会办事的家伙。我也不记得他的名字，只知道他姓薛，那么你将姓薛的都派任官职吧！"

张锡见张昌仪生了气，心中十分害怕，回到办公室，查出等待任官的选人中姓薛的有六十多人。于是，将这六十多个姓薛的选人全部派任官职。

张易之、张昌宗深得女皇宠爱，张氏兄弟权势鼎盛，长安二年（702年）七月，太子、相王、太平公主都请求女皇封张昌宗为王。女皇不允。

过了几天，太子等又请求。女皇乃赐张昌宗为邺国公。可见太子等人都在巴结张氏兄弟。

在朝臣中，魏元忠是不肯巴结张氏兄弟的"硬骨头"。

魏元忠做过洛州长史，是洛州的长官。张昌仪做洛阳县令。洛阳县是洛州管辖的县，县令要到州衙门听候长史的命令。习惯上，县令是站在州衙门的大厅外面。张昌仪自恃权势，到了州衙门，总要进入大厅内，和其他县令不同。魏元忠发现张昌仪不守规矩，竟跑到大厅上来，便叱令他站到外面去。张昌仪大失面子，恨死了魏元忠。

有一天，张易之的一个家奴倚仗主人权势，在市场作恶称霸，洛州的衙役逮住了这个家奴。魏元忠审判，竟用杖将家奴打死了。

魏元忠画像

中国人常说："打狗看主人面。"家奴就是张易之的"狗"。魏元忠把"狗"打死了，真是不给主人面子。张易之当然怀恨在心。

长安三年（703年），雍州长史出缺，雍州掌管京师长安四周，地位重要。雍州长史就是雍州的地方首长，女皇想让张易之的弟弟岐州刺史张昌期来接任。

有一天上朝时，女皇问宰相们："谁适合担任雍州长史？"

这时，魏元忠已经当了宰相，便回答道："现在的朝臣中，最佳的人选是薛季昶。"

女皇说："季昶久在中央任官，朕想另外找一个人，张昌期如何？"

张昌期是张易之的弟弟，宰相们都说："陛下找的人对！"

魏元忠却表示反对，说："昌期不合适。"

女皇好奇地看着魏元忠，问道："为什么？"

魏元忠答道："昌期年纪太轻，并不擅长治理地方。他任岐州刺史，岐州老百姓都快逃亡光了，雍州是皇帝京城所在，地方事务繁多，张昌期不如薛季昶强干老练。"

于是，女皇不再说话。

当然，魏元忠的举动又得罪了张氏兄弟。

张易之、张昌宗的敌人是魏元忠。二人深恐女皇去世后，魏元忠会杀他们。于是，他们决定除掉魏元忠。

有一天晚上，张昌宗单独陪伴女皇。他为女皇轻轻按摩肩膀，在她耳边说："陛下对魏元忠如此重用，官至宰相，可是这魏元忠却不知恩图报，竟然在私底下做丧心病狂的事。"

女皇正闭目享受张昌宗的按摩："哦，做什么事？"

张昌宗停住了手，说："魏元忠和司礼丞高戩私下商议说'主上老了，不如拥护太子才是长久之计'。"

女皇一听，立刻生气地问："此话当真？"

张昌宗赶紧跪在女皇跟前，急促地说："小人有几个胆子，敢在陛下面前乱说。不过，陛下不要生气。气坏了龙体，那就是小人的罪过了。"女皇怒冲冲地说："好，朕明天要给魏元忠好看。"

第二天，女皇下令将魏元忠和高戩关进监牢，并且要魏元忠和张昌宗对质。

张昌宗诬告魏元忠，说魏元忠和高戩秘密商议的事根本就是他编造出来的。现在女皇要张昌宗和魏元忠对质，张昌宗心虚了，便悄悄地把凤阁舍人（中书舍人）张说找来。张昌宗和张说原本是旧识，张说曾参加张昌宗领导的《三教珠英》的编修工作。

在自己家里，张昌宗对张说说："我遇到一件麻烦事，可否请老兄帮忙？"

说着，张昌宗就拿出一大包金银送给张说。张说站起身来："下官职卑位轻，无才无德，能帮六郎什么忙？"

张昌宗便把女皇要他和魏元忠对质的事说了一遍,要求张说在对质时做个证人,证明在旁听到魏元忠和高戬所说的话。

张说听了心中一惊:魏元忠是有名的正直大臣,我怎能污蔑一个正人君子呢?不禁犹豫起来。

张昌宗看着张说沉思不语,便说:"张舍人是个聪明人,其中利害你一定很清楚。如果你肯帮忙,我会重重谢你,保你宦海得意。如果你不肯帮忙,后果你自己去想吧!"

回到家里,张说在良心和现实利害之间交战,彻夜未眠。

第二天,女皇召集了太子、相王和宰相们一同听张昌宗和魏元忠对质。

张昌宗一口咬定魏元忠有说大逆不道的话,魏元忠则坚决否认。张昌宗说,凤阁舍人张说可以作见证。于是,女皇下令召张说上殿。

这时,张说正在中书省的办公室内,宦官前来唤他上殿作证。同为凤阁舍人的宋璟拉住张说的手说:"名誉和道义最重要,鬼神难欺,不可以附和奸邪、陷害正人君子,以求苟活。你如果得罪了当权者而被流放,你的荣耀才多。如果你因守正而遭难,我会上殿力争,和你同死。你要努力为之,是否能被万代瞻仰,就看你今天的表现了。"

这时，殿中侍御史张廷珪也走过来，拍拍张说的肩膀说："朝闻道，夕死可矣！"

在史馆担任左史的刘知几也走了过来，严肃地说："不要污秽了青史，为子孙留下骂名。"

张说走上大殿，女皇问是否听到魏元忠说悖逆的话。张说还没有回答，魏元忠着急了，对张说道："张说，你想和昌宗一起罗织臣吗？"

张说叫起来："元忠为宰相，为什么学市井小民说话！"

张昌宗跑到张说身边，用威胁的语气说："你赶快说，赶快说魏元忠如何说谋逆的话，快说！"

张说面对女皇说："陛下请看，在陛下面前，昌宗尚且如此逼迫臣，何况在外面呢！臣面对满朝文武百官，不敢不讲实话。臣实在没有听魏元忠说过谋逆的话。昌宗逼臣，要臣诬陷元忠，作伪证。"

张易之、张昌宗大惊，大声呼叫道："张说与魏元忠同反。"

女皇望了张易之一眼："怎见得？"

张易之说："张说曾称元忠为伊、周。伊尹把太甲驱逐出去，周公摄王位，这不是谋逆是什么？"

张说立刻接口道："易之兄弟只听说伊、周就认为谋逆，根本不懂伊、周是何许人。当元忠初任宰相之时，臣前往道贺。元忠对大家说：'无功受宠，不胜惭惧。'臣说：'你居伊、周的重用，穿上三品的紫衣，又有何愧？'伊尹和周公都是大大的忠臣，古今仰慕的人物，陛下用宰相，不使他学伊尹、周公，那要学谁呀？臣岂不知今天如果依附昌宗，立刻可以做宰相。臣依附元忠，立刻会遭到族灭。但臣害怕元忠的冤魂，所以不敢诬陷他。"

张说把事情说得十分清楚，谁是谁非，极容易判断。女皇如何处置呢？

第三十九章 男宠的危机

老臣魏元忠被流放,向女皇辞行,指着侍立在女皇两旁的张易之和张昌宗两兄弟说:『这两个小儿终将祸乱天下!』

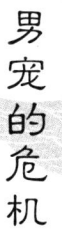

张说把事情说得很清楚。女皇心里明白张昌宗兄弟想要除掉魏元忠，才要张说来做证人。没想到张说改变主意，不肯诬陷魏元忠，却当众揭发张昌宗的诡计，这错当然是张昌宗。但是，张昌宗是她身边最宠爱的人，她岂能不袒护自己最宠爱的男人？反正，诬陷对女皇来说是家常便饭，于是，她板起脸来责备张说："张说是反复小人，一起囚进监狱。"

于是，张说和魏元忠同被囚禁起来。

第二天，女皇把张说提进宫来，亲自审问。张说的回答和昨天一样，惹得女皇大怒，命宰相们和河内王武懿宗共同审问。

在宰相们和武懿宗面前，张说没有改变说辞。

宰相朱敬则向女皇上奏章说："元忠素称忠正，张说入狱并没有罪名。如果将这二人判为有罪，将失民心。"

从前两度上书请女皇退位的苏安恒也上书说："陛下登基之初，人们都以陛下为纳谏之主。但近年来，人们却认为陛下是爱听谗言之主。自从魏元忠下狱，街头巷尾，议论纷纷，民情沸腾，都认为陛下宠信奸佞，斥逐贤良。正直忠臣私下里愤恨不已，但在朝廷之上却不敢开口，因为怕忤逆张易之等，徒然招来死亡之祸。现在赋役繁重，民不聊生。加上进谗言者当道，政府的赏罚不公，臣恐怕民心不安而生变。请陛下三思。"

苏安恒指明张易之等的危害。张易之大怒，要杀苏安恒。幸亏宰相朱敬则和其他朝臣向女皇力保，才让苏安恒逃过一劫。

过了几天，魏元忠案宣判。魏元忠、高戬、张说全都被流放到岭南地区。

这个判决绝对是错误的。被诬告的人定为有罪，诬告者则全然无罪，这种冤案在中国古代君主专制政体之下层出不穷。由于皇帝拥有超越法律的绝对权力，所以皇帝的诏令高于法律。于是，任何公理、良心、法律、道德都敌不过皇帝的意志。

魏元忠向女皇辞行，女皇予以接见。魏元忠对女皇说："臣老矣。今天到岭南去，九死一生。以后陛下必有思念老臣的时候。"

女皇好奇地问："为什么？"

这时，张易之和张昌宗侍立在女皇两旁，魏元忠指着张氏兄弟说："这两个小儿终将祸乱天下！"

魏元忠说完就下殿而去。张易之、张昌宗赶紧跪在女皇面前称冤，女皇用手拉起这两个男宠，笑着说："算了吧！元忠走了，不必担心啦！"

魏元忠无罪受冤，殿中侍御史王晙要上奏章为他申冤。宋璟对王晙说："魏公侥幸得以保全性命，现在你又冒险去触犯皇上，不是自讨苦吃吗？"

王晙回答道："魏公忠正而获罪。我激于义愤，虽死无根。"

宋璟叹口气道："我宋璟不能替魏公申冤，实在是有负朝廷啊！"

魏元忠离开洛阳，要往数千里外的岭南去了。太子仆崔贞慎等八人在洛阳郊外的路上为他饯行。张易之知道了这消息，就伪造了一个告密函，告密人的名字叫柴明，告崔贞慎等人与魏元忠谋反。这种告密和当年酷吏横行时的方式如出一辙。

女皇接到告密函后，命监察御史马怀素审理此案。女皇对马怀素说："事实俱在，你只要略加审问就可以了，快点把结果呈报上来。"

马怀素回到办公室，将告密函仔细阅读，发现疑点甚多，派人将崔贞慎等八人传来询问。八人异口同声否认谋反，都说他们是魏元忠的亲戚故旧。魏元忠被贬官到岭南，路途遥远。岭南的生活环境很差，魏元忠老迈，此一去恐怕会客死岭南，再也见不到面了，所以他们到洛阳郊外，魏元忠经过的路上，为他饯行。加上魏元忠一生忠君爱国，为国家立了许多功劳，现在老了，失去了雄心壮志，他们怎么可能和魏元忠商议谋反呢？

马怀素觉得崔贞慎等讲得有理，想找告密人柴明来问话，却不知柴明这个人在哪里。

这时，女皇三番五次派人来催马怀素，马怀素却一直没做出审判的结果。

女皇忍不住了，召见马怀素，责问为什么还不结案。马怀素对女皇说："臣要找告密人柴明来和崔贞慎等人对质，但找不到柴明，不知道他在哪里。"

女皇说："朕也不知道柴明在哪里，但是没关系，你只要根据告密函来审理就好了，何必找告密人？"

马怀素将崔贞慎等人的供词报告女皇，女皇生气地说："卿想放纵谋反者吗？"

马怀素严肃地答道："臣不敢放纵谋反的人。魏元忠以宰相而被贬官到遥远的去处，崔贞慎等人因为是亲戚故旧的关系，追到郊外，为他送行，这是人之常情。如果就此诬陷他们谋反，臣实在不敢做。从前，在西汉初年，彭越因谋反被杀，汉高祖下令不许任何人前去探视和收尸。彭越的旧部下栾布独自来到彭越尸首之前祭拜，被看守尸体的官吏逮捕，依法应处死。汉高祖觉得栾布是个重义之人，不但赦免栾布的罪，还重用他为都尉。魏元忠之罪只是贬官，不像彭越是死罪。汉高祖都赦免了栾布，陛下怎么反要杀崔贞慎等送行的人呢？而且陛下操生杀大权，如果陛下要加罪魏元忠、崔贞慎等人，陛下自己下一道诏令就可以了。如果要臣来审理，臣不敢不查明真相，把真相禀报陛下。"

女皇说："你是想保全崔贞慎等人，让他们免除罪责吗？"

马怀素跪下来磕头道："臣不想包庇任何人，但臣实在是查不出来崔贞慎等人犯了什么罪。"

女皇沉默不语，她明知道崔贞慎等人是被诬告的，但张昌宗在后面一再请求她要重办这案子。她很了解张昌宗想借崔贞慎案,把魏元忠以谋反罪杀掉。不料,遇上了这顽固而不懂揣摩上意的马怀素,这案子就办不下去了。女皇想一想,魏元忠年老又被贬到遥远的边疆去了,已经注定翻不了身,对朝廷也不会有什么影响力了。如果她自己下诏书杀了魏元忠,恐怕会让朝臣们批评她度量太小,容不下老臣。算了,就饶了魏元忠吧!

女皇挥挥手,要马怀素退下。

崔贞慎的案子终于结案。崔贞慎等人都无罪开释,魏元忠也免去一场灾祸。

在朝臣中,凤阁舍人宋璟以刚直闻名。有一次,女皇宴请大臣和亲贵。当时是按官位高低排席次。张易之、张昌宗都是九卿之位,三品官。宋璟是御史中丞,五品官。于是张氏兄弟的席位在宋璟之上。张易之素来畏惧宋璟,常想讨好他。张易之看见宋璟的席位在后面,便跑到他面前,作了一个揖,说:"公方今第一人,何以在下坐呢?请到前面,我的位子空着。"

宋璟也作揖回礼,却冷冷地说:"才劣位卑,张卿以我为第一,是怎么回事?"

这时,天官侍郎(吏部侍郎)郑杲站在旁边,对宋璟说:"中丞为什么称五郎为卿?"宋璟说:"以官职而言,他是九卿,称他卿是名正言顺。你又不是张卿的家奴,为什么称他为郎?"

宋璟大声的指责,让在座的人都大惊失色。

第四十章 宋璟勇敢抗命

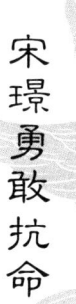

女皇想保护张易之、张昌宗，便使出调虎离山之计，把宋璟派到地方去办事。没想到宋璟熟悉政府运作的规则，没有中计，女皇也只得罢手。

长安四年（704年）七月，张易之的弟弟司礼少卿张同休、汴州刺史张昌期、尚方少监张昌仪都因为贪污而下狱。张易之、张昌宗同时被审问。

审判官贾敬言做了判决："张昌宗倚仗权势，强买民田，应罚铜二十斤。"这个判决是罚钱，不伤害到张昌宗，女皇就批准了。

过了几天，御史大夫李承嘉、御史中丞桓彦范报告了他们审判的结果："张同休兄弟共贪污了四千多缗。张昌宗和他们一起贪污，应该撤职免官。"

撤职免官是大事，女皇召集宰相们进宫开会，讨论该如何处理这案子。

张昌宗对女皇说："臣有功于国，所犯的过失不至于免官。"

女皇问宰相们："昌宗有功吗？"

宰相杨再思是张昌宗麾下的党羽，立刻接口说："昌宗调制金丹，陛下服用之后，龙体康泰，这是莫大的功劳啊！"

女皇听了十分高兴，便道："昌宗有功，不必撤职免官。"

杨再思的马屁话救了张昌宗。消息传到外面，朝臣们纷纷议论，多半不齿杨再思。左补阙戴令言写了一首《两脚野狐赋》来讽刺杨再思。

不久，宰相韦安石向女皇检举张易之兄弟干了许多违法的事。女皇下令把案子交给韦安石和宰相唐休璟审理。但是过了两天，女皇下令让韦安石兼任扬州刺史，让唐休璟兼任幽州都督。这样，将韦安石和唐休璟都调到地方去做官。

于是，张易之兄弟的违法案子就不了了之。

唐休璟要离开洛阳之前，悄悄去见太子李显，说："二张恃宠，野心极大，必将为乱，殿下要小心防备。"

这年十二月，女皇生了病，住在长生殿。宰相们已经有几个月都见不到女皇，女皇身边只有张易之、张昌宗。后来，女皇病稍见好转，宰相崔玄暐才能入宫见到女皇。

崔玄暐看到女皇脸色苍白、精神不振，从前意气风发的神情全然消失，觉得她的病不轻，心中十分担忧，便对女皇说："太子和相王仁明孝友，有他们服侍汤药就足够了。皇宫是重要的地方，请陛下不要让异姓的人进出，以策安全。"

女皇轻声地说："谢谢卿的好意。"

崔玄暐见女皇闭起眼睛，便叩了头，退出宫来。

这时，有一个叫杨元嗣的人告发张昌宗曾召术士李弘泰来占卜。李弘泰说："张昌宗有天子相，劝他在定州造佛寺，则天下归心。"

女皇接到这份告密信，觉得事情严重，便命宰相韦承庆和司刑卿（大理卿）崔神庆、御史中丞宋璟三人共同审理。

过了两天，韦承庆和崔神庆向女皇报告："张昌宗已经承认李弘泰曾说过这些话。昌宗曾向陛下报告过，依法自首的人就可以赦免其罪。至于李弘泰妖言煽动，请逮捕入狱，依法论罪。"

但是，参与审理这案子的宋璟和大理丞封全祯则不同意只处罚李弘泰而不处罚张昌宗。

他们向女皇报告："昌宗宠荣如此，又召术士占相，他究竟想干什么？弘泰称占卜全是乾卦，乃是天子之卦。昌宗如果认为弘泰是妖妄，为什么不把他送到官府法办？虽然昌宗说已报告皇上，终究是包藏祸心，依法当斩首抄家，请求准许将昌宗囚禁起来，彻底查清楚案情。"

女皇听了宋璟的话，沉思很久，没有回应。

宋璟见女皇没有动静，接着又说："如果不把昌宗逮捕囚禁，恐怕会动摇人心。"

女皇开了口："关于这个案子，卿暂时停止审理，等搜集更详细的文状资料后再说吧！"女皇做了明确的指示，宋璟只得退下。

宋璟的力争立刻引起朝臣们议论。有人认为张易之、张昌宗兄弟得到女皇的包庇，任何攻击都动摇不了他们，那么何必多费精神去对抗张氏兄弟，惹祸上身。

但也有人认为张氏兄弟为非作歹，恶名昭彰，人臣尽忠，应该勇敢除奸。

左拾遗李邕对女皇说："前几天宋璟所奏要审判昌宗，用意是在安定社稷，不是为他自己谋求什么。请陛下同意宋璟的建议。"

女皇完全不予理会。

不久，女皇下了诏书，派宋璟到扬州去巡察和审理案件；接着又下诏派宋璟到幽州去办幽州都督屈突仲翔的贪污受贿赂案；又下诏派宋璟去甘肃、四川做安抚工作。

这一连三次诏书，宋璟都不接受。

宋璟把抗命的理由奏报女皇："臣的官职是御史中丞，是御史台的副长官。依照政府的惯例，如果州县官犯了罪，品位高的州县官便派侍御史去办，品级低的州县官便派监察御史去办。御史中丞除非军国大事，否则都不外出办事。现在甘肃、四川都没有变乱，臣不知道陛下派臣外出是何意思？所以，臣不敢接受陛下的这几次命令。"

女皇主政数十年，对政治传统和制度运作了如指掌。她知道宋璟说得都对，只好不再追究他抗命之事。

其实，女皇是想保护张易之、张昌宗，便使出调虎离山之计，把宋璟派到地方去办事，就不能来追打张氏兄弟了。

这种调虎离山之计，女皇前不久用过，宰相韦安石和唐休璟要查张氏兄弟，女皇把他们外调，离开中央，于是，案子也就不了了之。没想到宋璟熟悉政府运作的规则，没

宋璟画像

有中计，女皇也只得罢手。

接着，司刑少卿桓彦范也向女皇上奏章说："张昌宗无功而得到荣宠，但他却包藏祸心，作非分之想，企图窃取大位，自己招来灾祸。这是皇天降怒，使昌宗的奸谋被揭发。陛下不忍心诛杀昌宗，这是违背天意，会有不祥的结果。昌宗既然说已经奏明皇上，就不应该继续和李弘泰来往，要李弘泰继续为他求福消灾。这样看来，昌宗根本没有悔过之心。他以前向陛下奏明，是预想如果事情被揭发，他可以用已经奏明来脱罪。如果不被揭发，则会等候时机窃取大位。这是奸臣的诡计。如果这件谋逆案都可以不予理会，那么还能惩处其他的谋逆案吗？这件案子已经一再被举发，陛下都不过问，使昌宗越来越得意，觉得他的计谋可以得逞了，天下之人也看到昌宗屡次逃脱危险，会觉得他似乎是有天命之人。这是陛下养成的乱源。如果逆臣不予诛杀，社稷就要灭亡了。请陛下还是把昌宗的案子交付刑部、大理寺和御史台三法司，予以审判，再行定罪。"

这天晚上，女皇用完晚餐后，一个人躺在床上休息。张易之兄弟正在家里宴客，等宴会结束，张氏兄弟就会进宫。这段饭后时间，难得清静。女皇睡在软绵绵的床上，全身有一种放松的感觉。

女皇生了一个多月的病，这几天病情减轻，人也比较有精神。她侧耳而听，四周静悄悄的，没有任何声音，皇宫又回到平静的状态。

这几年，张易之兄弟进了宫，让皇宫做了大改变。女皇每天有大小宴席，看歌舞表演，听各种笑话，看小丑们演戏，玩纸牌赌博，和俊男们肌肤相亲。这些她年轻时从来没有享受过，甚至没看过的事，竟然成为她的日常生活。

女皇轻轻地叹口气，变化太大了。她不自觉地笑起来，心里想着：人们都说男人爱女色，其实，女人也爱男色呀！

告子说："食、色，性也。"

孟子说："好色，人之所欲。"

告子和孟子都没说好色是男人的专利，其实，女人一样好色，只是女人没有机会明目张胆地表现好色的本性而已。现在，自己做了皇帝，无所顾忌，才有机会亲近男色，发现男色竟然使自己这么快乐，像是进入仙境一般。现

告子名言

在，她能体会夏桀何以宠爱妹喜，商纣何以宠爱妲己了！

不过，她虽沉迷在男宠之中，但她可不想做亡国之君。那夏朝的桀和商朝的纣王都是沉迷于女色后，不再振作，以致亡国。她却要振作起来。她在享受男色的乐趣之下，也要关心国事，因为她一生最害怕的事就是失去权位。

于是，女皇拿起了桓彦范的奏章。

第四十一章 朝臣们的恍惧

朝臣们担心,如果女皇临终前身边只有张氏兄弟,则他们可能假造一份女皇要将皇位传给张易之或张昌宗的遗诏。

女皇从床上慢慢坐起来，两个宫女赶快过来，拿了两个枕头垫在她的背后，让她半坐半躺着。

女皇吩咐取来两支大蜡烛，放置在床边。她拿起桓彦范的奏章，仔细阅读。她病了一个多月，经常昏昏沉沉，全身乏力，这几天病情渐好，也略有精神和体力。

看完桓彦范的奏章，女皇开始沉思起来，她本是一个多疑之人，她想：

——为什么朝廷上有这么多朝臣要攻击张易之、张昌宗兄弟？

——张氏兄弟贪污受贿赂，她心里有数，她不在乎贪污纳贿。朝臣们攻击张氏兄弟的罪名，除了贪污纳贿之外，还有谋篡大位，这是真的吗？

——张氏兄弟常常大宴宾客，他们一定有党羽。她知道宰相杨再思就是张氏兄弟的党羽。那么，韦安石、宋璟、桓彦范这些人是不是也结了党？他们攻击张氏兄弟是不是朋党之争呢？

——张氏兄弟在自己面前，温驯得像小白兔，但是，他们到了外面是什么样子呢？还是小白兔吗？会不会变成老虎、狼，或者狐狸？

——自己宠爱张氏兄弟，就像男皇帝宠爱妃子一样，为什么要大惊小怪？朝臣们也只是劝劝男皇帝别太宠妃子了，可没有攻击那妃子、要把那妃子置于死地。现在，朝臣为什么要直接攻击张氏兄弟？甚至要处死张氏兄弟？这是不是太过分了？

——她熟读历史，记得当男皇帝太宠爱一个妃子而危害国家之时，一些正直忠贞的臣子都会冒死净谏。她平常就很佩服历史上那些不怕死的臣子。现在，宋璟、桓彦范攻击她的男宠张氏兄弟，她也能谅解宋璟、桓彦范的心理。她相信宋璟、桓彦范都是像历史上的忠臣一样，是正人君子，对她也是忠心耿耿，所以她不会用强力来除掉他们。但是，用什么方法才能化解他们和张氏兄弟的对立呢？

女皇摇了摇头，轻轻叹了一口气。她对这些问题找不到答案。不过，她有了一个结论，自己身体不好，朝廷大臣要以和为贵，她要让宋璟等人和张氏兄弟的紧张关系降温。

不久，张昌宗进了宫，悄悄地走进女皇的寝宫，发现女皇坐在床上，立刻向前，为她按摩。

为了服侍女皇，张昌宗特地去学了按摩。他的按摩手法有力而柔软，让女皇全身舒畅。女皇闭着眼，享受着俊男为她全身按摩。

第二天，女皇上朝，面对文武百官，神采奕奕。看来健康情况大有改善。

宰相崔玄暐奏报女皇，张昌宗的案子不可搁置不办，否则无以向天下百姓交代。

女皇觉得朝臣们把这案子盯得好紧。宋璟公然违抗圣旨，就是把生死置之度外。这股力量恐怕不是她再下圣旨就能化解得了的。于是，她点点头，同意三法司继续审理张昌宗的案子。

过了两天，三法司的判决出炉，建议将张昌宗斩首。

女皇坐在宝座上，没有批准三法司的判决。面对朝臣，朝臣们谈的又是张昌宗的案子。

御史中丞宋璟请求女皇准许将张昌宗囚禁下狱。女皇说："昌宗已经把请术士占卜的事奏报。朕已经知道了。这案子又何必再追究呢？"

宋璟回答道："昌宗因为被告发，情势不得已才向陛下报告。何况谋反大逆，岂可因自首而免罪？如果昌宗不处以极刑，那么国家的法律就无效了。"

女皇总想保护自己的男宠，于是用温和的语调对宋璟说："朕知道卿守法公正，办事一丝不苟，但这件案子，卿就放手一次吧！"

宋璟全不察言观色，却板着脸，声色俱厉地对女皇说："昌宗过分承受恩宠，臣自知言出祸从，但义激于胸，虽死不恨。"

宰相杨再思原依附张昌宗，眼见宋璟气势咄咄逼人，怕他过度顶撞女皇，突然向前，对宋璟说："圣上有旨，宋璟退下。"

宋璟立刻大叫说："圣主在此，用不着宰相擅自宣布敕命。"

不知道是宋璟视死如归的态度感动了女皇，还是女皇生病失去了斗志，她面对宋璟的抗争，竟然软化了，对宋璟说："好了，卿不要再争了。朕命昌宗到御史台来，卿可亲自审问。"

宋璟一听，立刻跪下叩头："皇上圣明，臣一定秉公办理。"

回到后宫，女皇立刻召来张昌宗，要他到御史台报到。

张昌宗一听，就俯伏在地下大哭："那宋璟恨我入骨，我进了御史台，必死无疑。陛下要我去御史台，是把我送入虎口。陛下救命啊！"

女皇摸摸张昌宗的头，安慰道："你放心，我要你去御史台，是给宋璟一个面子，让他有台阶可下，以后别再抗争了，朕会救你平安回来的。"

张昌宗满脸是鼻涕眼泪，仰起头，像小孩对妈妈说话："陛下一定要来救我啊！"

傍晚，张昌宗独自来到御史台。

御史中丞宋璟在大厅接见张昌宗。两人正谈了几句话，忽然，一个宦官急奔而来，后面跟着皇宫卫队。宦官手里拿着女皇的圣旨。圣旨内容极为简单，宣布特赦张昌宗一切罪名，立即释放张昌宗。

于是，张昌宗大摇大摆走出御史台。

望着张昌宗的背影，宋璟恨恨地长叹一声："未能将这小子脑袋击碎，悔之莫及。"

当时，多数的朝臣都和宋璟、桓彦范有同样的想法，他们对张易之、张昌宗掌权得势有着深深的忧虑和恐惧。

为什么朝臣们对张氏兄弟会有忧惧感呢？因为女皇已经年过八十，身体明显急速衰弱，如果女皇有一天死亡了，临终时身边只有张氏兄弟，并无别的大臣，则他们可能假造一份女皇的遗诏，说要将皇位传给张易之或张昌宗。

这份遗诏谁能指责是假的？朝臣们要不要接受这份假遗诏？依照中国人传统观念和习惯，除非造反，否则就得接受。那么，张氏兄弟岂不轻而易举地登上皇位了吗？

这种伪造遗诏而登上皇位的事在历史上早就发生过。

秦始皇有二十几个儿子，没有立哪一个儿子为太子。因为秦始皇认为太子是皇位继承人，太子会虎视眈眈地盯着皇帝，希望皇帝早死，自己便可以登上皇位。秦始皇不想死，在寻找长生不死之药，所以他不立太子。

秦始皇的长子扶苏被派到前线去监督将军蒙恬。秦始皇三十七年（前210年），始皇巡行全国，七月，在路途中得了重病。始皇病危时，写了一份诏书给扶苏，命令扶苏赶回京城咸阳，负责办理丧事。

诏书写好，尚未盖皇帝的玉玺。身边的宦官赵高将诏书压下来，没有发出。这时，秦始皇死了，赵高和宰相李斯商量，决定保密，不宣布始皇的死讯。知道始皇死亡的人只有随行的始皇的小儿子胡亥、宦官赵高、宰相李斯和几个宦官。

秦始皇画像

赵高曾教胡亥法律，师生二人感情很好。他以私人利害说服宰相李斯，共同将始皇生前尚未发出的诏书毁掉。另外伪造了一份诏书，送去给扶苏，诏书的内容是赐扶苏自杀。另外又伪造一份诏书，立胡亥为太子。

扶苏接到假诏书，便自杀了。

载着始皇尸体的车子回到咸阳，赵高才宣布始皇死亡，太子胡亥继承皇位，这就是秦二世皇帝。

胡亥能当上皇帝，是靠着赵高和李斯伪造的诏书。如果张氏兄弟也在女皇死亡之时伪造诏书，传位给张氏兄弟中的一人，那么，岂不是胡亥的再版吗？秦朝的臣子们无法指出立胡亥的诏书是假的，只得乖乖地接受胡亥坐上皇帝宝座的行为。难道现在的朝臣们也要叩拜坐上皇位的张易之或张昌宗吗？

朝臣们的忧惧越来越深，渐渐地凝聚成共同的焦虑。

第四十二章 五人密谋政变

神龙元年正月,女皇病情转剧,守候在她身边的只有张易之、张昌宗兄弟。女皇下令,一切朝政都交给张氏兄弟处理决定,这引起朝臣不安。

女皇感觉到，朝臣和张易之、张昌宗兄弟的对立变得更尖锐。这种尖锐的对立对张氏兄弟不利。于是，女皇命刚从御史台回来的张昌宗去拜访宋璟，希望用低姿态来化解宋璟心中的怒气。

第二天，张昌宗亲自到宋璟家，登门求见。

没想到固执的宋璟竟然拒绝，让张昌宗吃了闭门羹，败兴而返。女皇心想的调解失败了。

长安四年（704年）十二月，洛阳的街头出现一些类似广告或海报的纸张，张贴在墙壁上，写着："易之兄弟谋反。"

没有具名，也没有详细内容。

主管洛阳治安的官员派人到洛阳几条大街，把字条撕下来。

但是，第二天，大街的墙壁上又贴了同样的新字条，究竟是谁贴的？查不出来。这令洛阳官员伤透脑筋。

有人把这事报告女皇。

也许由于生病体弱，女皇对这事懒得管，没有指示如何处理。于是，"易之兄弟谋反"几个字在洛阳街头随处可见。

第二年，神龙元年（705年）正月，女皇的病情忽然转剧，躺卧在迎仙宫，守候在她身边的只有张易之、张昌宗兄弟，其余的大臣一概不见，连儿子、女儿也不许前来探望。女皇下令，一切朝政都交给张氏兄弟处理决定。换句话说，张氏兄弟成了皇帝代理人。

这种情势让朝臣们紧张万分，不知道女皇何时会驾崩，不知道张氏兄弟会不会拿出伪造的女皇诏书登上皇位，不知道明天会发生什么事。

一个夜晚，宰相张柬之家里，悄悄地来了四个官员。他们进入书房，关上门窗，低头细语在密谈。

早在狄仁杰还活着的时候，女皇请他推荐有能力可以肩负国家重任的宰相人才，狄仁杰就推荐张柬之。

于是，女皇调张柬之到中央来做官，但并未任为宰相。一直到去年十月，才被任命为宰相。这时张柬之已经八十岁了。

在密室内有五个人在商谈，除了张柬之外，还有崔玄暐、敬晖、桓彦范、袁恕己。

张柬之虽然任宰相才三个月，但处事老练，很有领导才能，首先开口说："诸位兄台，今天邀

《旧唐书》对五人密谋的记载

请各位前来，是要谈目前的大局。皇上身体不好，最近已经又有好几天没上朝了。我们都见不到皇上。皇上身边只有二张侍候，而且皇上竟让二张代为批阅公文。如果这样下去，二张一定引进他们的党羽，占据朝中重要官职，结成一股势力。那么，后果将十分可怕。"

桓彦范接着说："以目前状况来观察，最危险的事是皇上忽然驾崩。那时皇上身边只有二张，别无大臣。二张就可以假造皇上的诏命，宣布传位给二张，我们怎么办？我们接受这个假诏书吗？"

崔玄暐说："不接受成吗？没有人有证据证明诏书是假的啊！"

袁恕己说："如果不接受，那就是造反了。"

敬晖说："二张不足以服人心，要造反就大家一起造反吧！"

张柬之用沉重的语气说："造反之事是不可以做的，那会羞辱门楣，贻祸子孙。我有一个主意，我们何不先下手除掉二张，二张一死，危险就解除了。"

崔玄暐摇摇头道："杀掉二张谈何容易。还记得上个月宋璟要审判张昌宗，却被皇上救走了。二张在皇上包庇下，谁也动不了他们一根寒毛。"

张柬之道："如果用正常的方法当然动不了二张，但如果用非常手段，就可以除掉二张。"

四个人都睁大眼睛看着张柬之："非常手段，什么非常手段？"

张柬之放低了声音说："政变呀！"

这"政变"两个字像颗炸弹，吓得四个人都目瞪口呆。

崔玄暐首先回过神来，说："政变要有武力支持。我们五个人手上都没有军队，怎么政变得了？"

张柬之道："我来想办法拉拢几个拥有兵力的将军，要他们支持。此外，我们要拥护太子复位，使大唐国号得以恢复。"

桓彦范说："太好了！大唐国号恢复，这是大家的心愿。我愿意去说服太子。"

张柬之用极为慎重的语气说："今天我们五个人的商议是极为机密的事，大家绝对不可以泄露出去。否则，事情不成，还会牵连千百条人命。"

崔玄暐说："我们一起对天发誓，决不泄露，决不退缩，决不变心。"

于是，五个人一同跪下起誓。

第二天，张柬之去找右羽林卫大将军李多祚，说道："将军今天的富贵，是谁给你的？"

李多祚回答道："是大帝啊！"

李多祚说的"大帝"是指唐高宗李治。

张柬之说："现在大帝的儿子正受到那两个奸佞的迫害，可能储位难保，难道将军不想报答大帝的恩德吗？"

于是，张柬之把张易之、张昌宗的作恶和大家担心二张夺取皇位的事说了一遍。

李多祚久在官场，对二张的事早已耳闻，对二张也极为不满，便坚定地回答道："只要有利于国家，我愿听从相公的安排，决不会顾念自己和妻子的性命。"

于是，李多祚指天发誓，愿意参加政变之谋。

张柬之接着找右羽林将军杨元琰，杨元琰和张柬之是老朋友。

久视元年（700年），张柬之由荆州大都督府长史调到中央任官，接任荆州长史的人就是杨元琰。两人交接印信以后，一同乘船到江中游玩。两人在船上谈论国是，谈到女皇登基改国号为周，唐祚中断，杨元琰显得情绪激动，表示如有机会，盼望能恢复唐室。张柬之对杨元琰的谈话牢记在心。

张柬之当了宰相，立刻任命杨元琰为右羽林将军。

张柬之对杨元琰说："你还记得当年我们在江中船上的谈话吗？"

杨元琰说："当然记得。"

张柬之说："把你任命为右羽林将军是有用意的。你想恢复唐室，今天就是时机了！"

于是，张柬之把计谋对杨元琰说了。杨元琰立刻点头，

杨元琰画像

答应参加行动。

接着，张柬之任命敬晖、桓彦范和朋友李湛为左右羽林将军。

张柬之为什么那么重视羽林将军呢？因为左右羽林军是皇宫的禁卫队，把守皇宫进出门户，负责皇宫的安全。掌控羽林军，才能掌控皇宫。张柬之拉拢李多祚、杨元琰，又要参与定计的桓彦范、敬晖及好友李湛进入羽林军，就是要掌控羽林军。

桓彦范、敬晖、李湛担任羽林将军有些奇怪，张易之对这项人事调动有点怀疑。张柬之察觉到了，便也任命张易之的同党武攸宜为右羽林大将军。张易之看到调动名单内有武攸宜就放心了。

武攸宜是武家的人，过惯了荣华富贵的生活，对带领军队毫无兴趣。他自觉挂名大将军就好了，不想过问军务。左右羽林军实际上的总指挥是李多祚。

桓彦范觉得政变之事，成败未卜，生死前途难以料定，这事应该禀告母亲。

他把事情原委说完以后，母亲握住他的手，坚定地说："忠孝不能两全，我儿既受国家爵禄，应当以国事为先，家事为后。我儿尽忠报国，不要顾念小家，只是做事时一定要小心。"

桓彦范说："孩儿谨记母亲的教诲。从今天起，孩儿就要住在羽林军军营中，不能回家。请娘多多保重，恕孩儿不孝!"

  说完,桓彦范跪下来向母亲磕了三个头,站起来,转身大步向前走。他不敢回头,泪水流满了脸颊。

  他仰着头,出了家门。

第四十三章 政变成功

张柬之命令军士们将女皇的寝宫团团围住。女皇知道大势已去。整个皇宫控制在别人手里，自己全身软弱，连坐起来的力气都没有，像是困在沙滩上的鲸鱼，只好任人摆布。

张柬之等五人设计的政变，关键人物是太子李显。因为政变的目的是要拥立李显做皇帝。李显是政变的凝聚力，也是政变的招牌。

但是，作为政变核心人物的李显事先是完全不知晓政变计划的。张柬之知道要李显答应参加政变是很难的事，但这却是最重要的一环，只许成功不许失败。张柬之同时也知道政变之事不能让太子早知道，因为太子极可能泄露机密。

政变之日选在神龙元年（705年）正月二十日。

前一天的清晨，太子来到皇宫的北门。北门的正式名称是玄武门。从北门进入皇宫的内宫比较近，皇亲贵族欲进内宫都走玄武门。玄武门又是皇宫禁卫队羽林军司令部的所在地，戒备森严。

太子到达玄武门便

《旧唐书》对神龙政变的记载

进入贵宾接待室，等候宦官入宫禀告女皇。

这是太子每天例行的功课。每天早晨要进宫向女皇问安，表示孝道。

但最近一个多月，女皇卧病在床，不接见太子。太子只得回府。

这天，似乎没有例外，宦官出来传达女皇的旨意："太子不必入宫觐见。"

当宦官宣达女皇的旨意后，太子准备离去。桓彦范和敬晖两人进入贵宾室，叩见太子。

太子认识桓彦范和敬晖，便笑着说："今天是两位值班吗？"

桓彦范、敬晖恭敬地答道："是。"

桓彦范将贵宾室内侍候太子的宦官支开，然后关起门窗，在太子耳边，低声报告了政变的计划。太子大吃一惊，张大了嘴。

敬晖在另一边对太子低声说："二张对殿下危害极大。他们想夺皇权，当然容不下殿下。所以，这次行动消除二张，对殿下是有利的。"

太子一想，对呀！二张夺取皇权，一定要先排挤掉他。他是皇权的合法继承人，如果不把他除掉，二张怎能得到皇位呢？

为了自保，太子觉得要支持政变，于是，他握住桓彦范和敬晖的手说："好的，我同意。"

桓彦范说:"殿下,兹事体大。请殿下务必保密,千万不要告诉任何人。"

太子点点头,离开了北门。

第二天,天还没亮,张柬之就来到玄武门。崔玄昉、桓彦范、左威卫将军薛思行等率领左右羽林军士兵五百余人守候在玄武门外。

张柬之派李多祚、李湛和驸马都尉王同皎去迎接太子。

太子李显见李多祚等人来到,心里忽然恐慌起来。

他想这是一件大事,如果失败,后果如何?他想到已死的两位哥哥,胆战心惊。他又想到儿子重润和女儿永泰郡主,只是私下谈论二张,就被母亲逼得自杀。如果这次诛杀二张的行动失败,自己的性命必然不保,多可怕的事啊!

太子想到这里,便坐着不动。

李多祚、李湛、王同皎催促太子快走。太子摇摇头说:"不去了!"

王同皎急得满头大汗,对太子说:"先帝将皇位传给殿下,殿下的皇位却被人夺去,不但被废,而且还被幽禁,殿下的遭遇人神共愤,到现在已经二十一年了。现在老天爷赐给忠臣们良机,玄武门的禁卫军和朝廷臣子们同心协力,要来诛杀奸佞小人,恢复李氏社稷。请殿下暂时到玄武门,以满足众人的期望。"

太子说:"那凶险小人的确该杀。但皇上正在病中,这样的行动岂不惊吓皇上？诸位还是停止行动，以后慢慢再想办法吧！"

李湛急得跪下来，说："宰相们和羽林军的将军们不顾家族，愿意以身殉国，殿下忍心把他们置之死地吗？请殿下自己出去和他们讲明白吧！"

李多祚大声叫道："殿下不要反悔，赶快走吧！"太子见情势至此，只得站起身来。王同皎赶快上前扶着太子上马，直奔玄武门。

在玄武门外，张柬之等人守候着，焦急万分。好不容易看到了桓彦范等陪着太子骑马而来，立刻吩咐打开玄武门，让太子等人进去。

这时，女皇尚未苏醒，张易之、张昌宗二人正在走廊上喝茶聊天。

张易之轻声地说："皇上身体越来越差，病情不乐观，我们该做准备了。"

张昌宗露出神秘的微笑说："我已经有准备了。皇上的诏书我已有了腹稿，只等皇上昏迷，就可以宣布诏书。那时就是张氏的天下了。"

突然，张易之发现有许多人闯了进来，仔细一看，领头的人是宰相张柬之，后面跟着右羽林卫大将军李多祚，再后面是一队军士。

张易之觉得情势不妙，叫张昌宗回头看。两人觉得不可置信，内宫重地，宰相未被宣召，怎么可以擅自闯入？

正迟疑间，张柬之等已来到面前。张易之正想责问，张柬之举起右手，指着张易之、张昌宗，几个军士立刻向前举刀砍向张易之、张昌宗。

张氏兄弟还没弄清楚情况，就死在刀下。

张柬之命令军士们将女皇的寝宫团团围住。

女皇躺在床上，听见外面有很多人走路的声音，又有兵器碰撞的响动，觉得怪异，便问身旁的宫女："外面发生了什么事？"

这时，张柬之进来了，跪在床前说："张易之、张昌宗谋反，臣等奉太子殿下之命，已将逆贼杀死。事先恐怕事机泄露，没敢奏报陛下。臣等兴兵宫禁，惊动圣驾，罪该万死。"

女皇听了张柬之的话，脑中像雷轰一般，几乎晕过去。

她闭着眼，脸色惨白，口中喃喃自语："反了！反了！"

这时，太子和桓彦范等人也进入室内。太子跪在女皇床前，流着眼泪，低声叫着："皇母，陛下，请醒醒！"

女皇睁开眼，看见是太子，软弱地说："这件事是你指使的吗？"

太子点点头。女皇沉默了一会儿，说："既然张氏兄弟已经被你杀了，事情也就结了。你回去吧！"

桓彦范赶紧说："太子怎么能回东宫呢？先前，大帝将爱子托付给陛下，现在太子年纪已经不小了，在东宫的时间太久了，天意人心都思念李氏。群臣不忘太宗和天皇的恩德，才奉太子之命杀了叛逆贼臣。希望陛下传位给太子，以上合天意，下顺民心。"

女皇看着站在室内的一群人，发现有李湛。原来李湛是李义府的儿子。李义府是女皇做昭仪时依附女皇的人。女皇当了皇后后，提拔李义府做到宰相。

武则天画像

女皇对李湛说："你也是杀易之的将军吗？我对你们父子不薄，你怎么会这样做呢？"

李湛面有愧色，没有回答。

女皇又对崔玄暐说："别人都是经过推荐进入朝廷做官，只有你是我亲自提拔的。你怎么也在这里呢？"

崔玄暐说："臣这样做，正是要报陛下的大恩啊！"

女皇知道大势已去，整个皇宫控制在别人手里，自己全身软弱，连坐起来的力气都没有。她想发脾气，想骂人，想杀人，但她虚弱得连讲话都感到困难。

以往的威势，好像消失得无影无踪。

她感觉到，自己不再是呼风唤雨的天神，倒像是困在沙滩上的鲸鱼，只好任人摆布。

于是，女皇闭上了眼睛。

不知道过了多久，女皇再睁开眼，发现室内空空如也，所有的人都走了，连宫女都不在。

第四十三章 政变成功

她觉得好安静，静得听得到自己略带喘息的呼吸声。

她不知道未来会有什么发展，前途好渺茫。这是她有生以来从未有过的感觉。

她不敢多想，又闭上了眼。

第四十四章 上阳宫落叶

神龙元年（705年）十一月二十六日，寒风冽冽，洛阳上阳宫的院子里，落叶满地。武则天停止了呼吸，离开了这世界，享年八十二岁。

神龙元年（705年）正月二十二日，就是政变后的第三天，女皇宣布传位给太子李显。二十三日，太子即位，这是唐中宗再度登上皇帝宝座。

望着群臣们俯伏跪拜在大殿之外，唐中宗百感交集。二十二年前，自己第一次登上皇位，心里的兴奋真是无法形容。

不料，才两个月，李显就被母亲拉下了皇位。从此，他不但失去了万丈光芒，甚至沉陷在死亡的阴影之下，每天都有朝不保夕的不安。现在，这个忧虑总算过去了。母亲重病卧床，不可能成为威胁了。

他长长地呼了一口气，露出满足的微笑。

皇帝登基，第一道敕令就是大赦天下。张易之、张昌宗的弟兄张同期、张同休、张昌仪已在政变那天下午全都被斩首处死了。

唐中宗大赦的对象主要是被周兴等酷吏陷害的人。已死的予以平反，未死的全部免罪，至于张易之的党徒则不赦免。此外，他给弟弟相王李旦加封号为安国相王，将其任命为太尉同凤阁鸾台三品，就是宰相。妹妹太平公主加封号为镇国太平公主。李氏皇族中被流放或除名的人，纵使本人已死，子孙都恢复皇族身份，列入皇族名册，并且酌量给予官爵。

二十四日，退位的女皇搬到上阳宫。

二十五日，唐中宗率领文武百官到上阳宫，给女皇上尊号"则天大圣皇帝"。

唐中宗再度登上皇位，当然是靠着张柬之、崔玄暐、桓彦范、敬晖、袁恕己等五个人策划发动的政变。所以，唐中宗即位后便任命这五个人都做了宰相，并且赐爵郡公。李多祚功劳不小，赐爵辽阳郡王；王同皎升为右千牛卫将军；李湛为右羽林大将军，封赵国公。其他参与政变的人都加以升官封爵。

政变发生那天，殿中监田归道率领一队骑兵驻守玄武门。敬晖派人通知田归道，要他领骑兵来助阵。由于田归道事先并不知道张柬之等人发动政变之事，不肯领兵前来助阵。政变成功之后，敬晖要求诛杀田归道。田归道辩解说："政变之事，我事先并不知道，我领兵的任务是守护皇宫城外。忽然要我领兵到玄武门内，我不知道是什么缘故。所以，我仍然坚守职责，防守皇城，我有什么罪过呢？"

田归道说得有道理。张柬之等人主张田归道免死，只是革去官职，成为平民。唐中宗则认为田归道尽忠职守，是个好官员，决定任命他为太仆少卿。

当女皇迁居到上阳宫的时候，宰相姚崇独自呜咽流泪。

张柬之说："今天普天同庆，岂是你痛哭流泪的时候？

恐怕你要招祸了。"

姚崇回答道："我侍奉则天皇帝很久了，忽然要和则天皇帝别离，心里忍不住有悲伤的感觉。我前天跟从你一同起来诛除奸逆，那是做臣子该有的义。今天和旧君辞别，这也是臣子该有的义。如果因此而获罪，我是心甘情愿的。"

过了不久，姚崇就被外派出去，任亳州刺史。

退位后的则天皇帝独居于上阳宫，身旁只有两个上了年纪的宫女陪伴。唐中宗和御医每十天会来一次。除此之外，上阳宫没有访客，所以武则天在上阳宫的日子是十分冷清孤寂的。

其实，这时的武则天身体非常虚弱，连站起来到院子里去散步都要人搀扶，而且很吃力。所以她几乎整天躺在床上，有时头脑清醒，有时昏昏沉沉。

当头脑清醒时，她会想到往事。一幕一幕，历历在目，让她时而悲伤，时而喜悦。

她感觉到这一生真是多姿多彩，高潮迭起。

她的第一任丈夫唐太宗是多么英明有为，从他的身上，她学到许多做帝王的智慧。如果没有在唐太宗身边的十二三年训练，就不可能有后来的表现。

她的第二任丈夫唐高宗是和唐太宗完全不同的人，胆小懦弱又优柔寡断，这正好让她施展能力，给她千载难逢的机会，使她能成为自古以来唯一登上皇帝宝座的女人。看着千万男人跪在地上向自己叩拜，这是多么值得骄傲的事啊！天下的女人谁能比她更光彩荣耀呢？

她的嘴角不自觉地露出微笑。

她的第三、四、五任丈夫，不，不是丈夫，是情夫，不，不，连情夫恐怕都不是，那是玩物。不过，这些玩物实在有趣，让她享受到年轻时未曾尝过的人生。尤其是张易之、张昌宗那两个可人儿，不但使她肉体得到满足，也使她的心感到舒畅，让她知道生活还有轻松享乐的一面。这两个可人儿，年纪比她的孙子还小。

可是，她和他们肌肤相亲，他们像她的丈夫，又像她的儿子，还像她的宠物，那种亲密的感觉不是单一的丈夫或儿子所有的。它不是爱情，也不是亲情，那种感觉是只能意会不能言传的，但可以肯定的是，那是一种"欲"的满足。

张易之、张昌宗谋反？那是绝对不可能的事，她心里清楚得很。

朝廷的大臣们虽然都是她提拔任用的，但是那些大臣中多数是心怀唐室，想要恢复李姓王朝的人。张柬之、桓彦范、敬晖、李多祚这些人表面上臣服于她，但在内心深处仍然埋着大唐王朝的种子，只要时机许可，这种子就会发芽、长枝、长叶。

当年，她用酷吏只能把地上露出的芽、枝、叶及树干砍掉，却没法把泥土下面的种子清除掉。到了今天，种子长成了大树。她清除的工作做得不彻底，现在是自食其果。

张易之兄弟谋反，那只是张柬之等加的罪名。她在政治舞台上打滚了几十年，政治的触角是十分敏感的。她知道张易之兄弟贪污纳贿、生活奢侈，但是张氏兄弟没有政治才干，更缺少政治领导能力。所以，有些朝臣会巴结张氏兄弟，却还没有结成强固的党派。张氏兄弟的荣华富贵全是恃仗她而得来的，他们是她的弄臣而已。她根本不认为张氏兄弟有谋反的能力，更没有谋反的动机。

张柬之等强指张氏兄弟谋反，全无证据，也未审问，就把张氏兄弟杀掉。其实，那只是借口，真正的目的是要除掉她。

她叹了一口气，政治原本就是极为现实的，力量大的打击力量小的，她自己不也是这样吗？她这一辈子给别人加过多少莫名其妙的罪名？诛杀了多少无辜的人？她自己也算不清。

现在，这种抹黑的事竟发生在自己最宠爱的人的身上，唉！这也许是报应吧！

她闭上眼睛，觉得头好晕，整个屋子好像在慢慢转动。

她的身子似乎飘了起来，发现自己置身在一片树林之中。高耸的树干，茂密的树叶，使这里显得幽暗。她环顾四周，没有一个人，没有一点声音。她想，她该找到方向，离开这个阴冷的地方。

忽然，她看到从一棵大树后面，走出一个全身白衣的人。仔细一看，这人披头散发，白布上到处是血迹，那不是萧淑妃吗？萧淑妃死了几十年，怎么可能复活？那一定是鬼了。她心里打了寒战，身上汗毛竖立起来。她想向后跑。刚回头，发现背后不远的地方站着另一个长发垂胸的白衣人，也是满身血迹，那不是王皇后吗？萧淑妃和王皇后为什么出现？莫不是向她索命？

她想逃走，但前后两个白衣人像飞一般就到了她的身边。她们向她伸出双手。啊！这四只手全滴着血，她吓得大叫。

一只手搭上了她的肩膀，她声嘶力竭地吼叫。突然，她睁开眼，发现自己躺在床上。老宫女正在推她。

老宫女紧张地低下头问道："陛下，你醒醒！你干嘛大叫？"

她用微弱的声音说："做梦，可怕的噩梦！"

她虚弱得连呼吸的力气都快没有了。于是，她又昏昏沉沉睡去。

一个又一个的噩梦袭击她，那些被她害死的人不断地在梦里出现，让她不断惊叫，也使她一天比一天虚弱。

神龙元年（705年）十一月二十六日，寒风冽冽，洛阳上阳宫的院子里,落叶满地。武则天停止了呼吸,离开了这世界,结束了她的人生,享年八十二岁。

接着皇宫颁布了遗诏。当然,这遗诏是她本人写的或是别人替她写的,谁也不知道,但确是由皇宫正式宣布的。遗诏的内容主要是删去皇帝称号,改称"则天大圣皇后"。王皇后、萧淑妃的家族和褚遂良、韩瑗、柳奭的亲属都予以赦免。

神龙二年(706年)五月二十八日,武则天被安葬于陕西的乾陵,和唐高宗李治合葬在一起。

第四十五章 无字碑

武则天是一个权力欲极强的人。她所有的努力都朝向一个目标：夺取权力。

武则天去世以后，葬于陕西乾陵。在陵墓前照例要有一座墓碑。一般的墓碑都是写着亡者的生平事迹和评价，武则天的墓碑是一块完整的巨石，高七米、宽二米，碑身两侧各刻着一条向上飞升的龙，但碑面上却是完全没有文字，因此，被人们称为"无字碑"。据说碑上不写文字是武则天临终时的嘱咐，她似乎在暗示，她一生的功过由后人各自评断吧！

的确，后人对武则天的评论是有褒也有贬。

大致来说，唐朝人对武则天甚少责骂。武则天虽然推翻唐朝，另立周朝，但唐朝人并没有视武则天的周朝为"伪朝"。唐朝人把武则天算成唐朝的皇帝，譬如唐睿宗命太子李隆基（即后来的唐玄宗）在总管军国刑政的诏书中说："我国家运光五圣。"唐人把皇帝称为圣人，五圣就是五个皇帝。唐睿宗说我们国家经历了五个皇帝。在唐睿宗以前的皇帝依序是唐高祖、唐太宗、唐高宗、武则天、唐中宗，刚好是五个。如果删去武则天，那便只有四圣而不是五圣了。诏书是政府正式公文书，诏书里把武则天也列入唐朝皇帝名单中，就表示唐朝政府接纳了武则天。从唐朝的史料中观察，武则天改国号为"周"的十五年历史，唐人仍然视为唐史的一部分。武则大改国号，唐人不认为是唐朝灭亡。而唐中宗第二次登基，恢复"唐"国号，唐人也认为不能和汉光武帝相比称为"中兴"。唐朝人把武则天放在李唐王朝的法统之中，只不过其中十五年稍稍有些"出轨"，不过，她死后恢复了"皇后"的身份，又回到原来的轨道上了。

唐朝末年，在武则天出生的四川广元利州区有一座皇泽寺，庙里就塑造了武则天像，供人膜拜。唐末诗人李商隐就有诗歌咏利州武后庙。可见到了唐末，武则天竟成为人们膜拜的神灵。

武则天死后，唐朝统治继续维持达二百年之久。这二百年中，武则天一直有着崇高的地位，受人尊敬，很少受贬责，主要有四个原因：

一、继承武则天的唐中宗、唐睿宗，都是武则天的亲生儿子。从唐睿宗以后一直到唐朝灭亡，还有十五个皇帝，全都是武则天的嫡传后代。他们都不能贬抑自己的母亲或先人，也不能指武则天的周朝是"伪朝"。所以，唐中宗复辟以后，张景源对唐中宗说："母子承业，不可言中兴。"权若讷也对唐中宗说："母子君亲，前后相承，周唐宝历，俱为正统。"唐中宗都欣然接纳，并嘉奖张景源和权若讷。唐朝历任皇帝没有人否定武则天，臣民便不敢妄加非议。

二、唐代佛教盛行，武则天是佛教信徒，又提升佛教的地位，于是容易获得广大佛教信徒的尊敬与拥护。

三、武则天提倡进士科，使平民得以借考试而晋身政坛，唐代士大夫视为德政，对武则天不会产生恶感。

四、唐代妇女社会地位较宋、明、清高，女子参与政治并未被人们视如洪水猛兽、大逆不道，因此，唐人并不以歧异的眼光来批评武则天。

从宋朝以后，指责武则天的声音逐渐浮现。南宋理学家朱熹为《资治通鉴》作纲，他的弟子门人作目，成为《通鉴纲目》一书。《通鉴纲目》对武则天痛加责骂，甚至指武则天有九大罪状。明末清初思想家王夫之在《读通鉴论》一书中痛责武则天是"嗜杀之淫妪"，认为"鬼神之所不容，臣民之所共怨，万世闻其腥，而无不思按剑以起"。宋代以后，对武则天斥责、怒骂的文章多得不可胜数。武则天似乎成为负面人物。

人们对武则天的责骂重点是在杀人和淫乱，说武则天任用酷吏大行杀戮，是个残忍的人；武则天公开拥有男宠，不守妇道，是个淫荡的人。这种批评的观点都是从伦理道德出发。宋朝到清朝将近一千年间，理学盛行，理学强调个人的道德，道德高于一切。一个没有道德的人，在其他方面纵使有许多优点，也不受尊敬。从道德标准来观察，武则天杀人不手软，连自己的儿子、子孙、亲戚都下得了手，真是不仁不义之人。加上武则天竟然公开自己的男宠们，这完全打破中国封建社会中女人要守贞节的观念。中国人向来认为"万恶淫为首"，男人好女色都会被指责，何况女人拥有几个情夫，而且还公然表示自己的爱意。这种行为对强调道德就是生命的人来说，真是不可忍受的恶行，难怪会痛骂武则天是淫妇了。

如果从政治的角度来评论武则天，她是中国历史上杰出的政治领袖。她懂得控制政治情势，善于任用人才。她执政了半个世纪，唐朝这时正处在两个盛世（贞观之治和开元之治）之间，虽没有贞观时期的强盛国势，但这半个世纪大体上社会安定，经济繁荣，人民并无太多怨恨不满，更培养了开元之治所需的政治人才。她重视进士科，深深地影响了以后一千多年的政治发展。如果以政治成就来看，武则天的成绩比中国历史上大多数的男性皇帝更好。

武则天是一个权力欲极强的人。她所有的努力都朝向一个目标：夺取权力。

为了权力，她可以杀儿、杀女、杀兄、杀任何人，如果指责武则天生性残忍，喜好杀人，其实这种指责是很肤浅的。她所杀的人，都是她心目中认为会妨碍她获得权力的人。在她夺取权力的道路上，凡阻挡的人都杀无赦。她杀王皇后、萧淑妃、太子李弘、太子李贺、李唐皇族、徐敬业、裴炎等，都是在扫除她夺取权力道路上的障碍，她是有目的而开杀的。

武则天善用人才是被后人常称道的，她执政期间，名相辈出，如狄仁杰、娄师德、李昭德、姚崇、魏元忠等都是才德兼备的人。但是，她也重用了杀人如麻的酷吏。所以，在她执政时期，有一段时间是正直朝臣和邪恶酷吏同时并存的。为什么武则天重用正直的君子，又重用卑鄙的小人呢？是武则天分不出善恶吗？是武则天昏庸不明吗？不是的，武则天头脑清楚，明辨善恶。她重用正直朝臣是想借他们的才干治理好国家，巩固政权；她重用酷吏是要借他们的凶恶消灭政治上的敌人。所以，她用正直之士，也用奸邪小人，看来矛盾，其实目标是一致的，即巩固她的权力。

后人批评武则天最多的是淫荡。她拥有几个情夫，而且情夫都公开亮出身份。她让那些情夫拥有权势。其实，武则天拥有情夫时已是六十多岁的妇人了，她是否还有肉体性欲的需要，外人不得而知，但可以确定的是她有男性皇帝那种"拥有女人"的心理满足，她可以"拥有男人"。这些男宠是她身边的"妻妾"，让她尝到别的女人都无法品尝到的"男主人丈夫"滋味，这也是另一种权力欲的满足。

权力是武则天一生的主轴。任何是非、善恶、赏罚、生死，都是以权力作为衡量的标准。武则天认为凡是有利于她的权力获得或维护的人与事，都是对的，都是善的，都可以奖赏，都可以让他生存；反之，凡是有害于她的权力获得或维护的人与事，都是错的、恶的，都该惩罚，都可以让他死亡。武则天一生的经历，变化多端，但她走到哪一个阶段，她的行为处事都不离开这个标准。了解了这个标准，对武则天忍心杀儿女却万般疼爱张易之兄弟，杀了老臣裴炎却对狄仁杰十分尊敬，就可以理解了。

武则天死了，她的肉体离开了这世界。她的权力也随着肉体消失无踪。她的墓前的无字碑给世人一个严肃的反省：人生的目的只是为了权力吗？什么才是有意义的人生？也许武则天在临终前都在思索这个问题。

图书在版编目（CIP）数据

成为女皇：武则天的一生 / 王寿南著. -- 南宁：广西人民出版社，2024.9. -- ISBN 978-7-219-11774-3

Ⅰ. K827=421

中国国家版本馆CIP数据核字第2024AW8912号

桂图登字：20-2024-102

本书中文简体字版权通过成都天鸢文化传播有限公司代理，由台湾商务印书馆股份有限公司授予广西人民出版社有限公司出版发行，非经书面同意，不得以任何形式，任意复制转载，本著作简体字版仅限中国大陆地区发行。

CHENGWEI NÜHUANG——WU ZETIAN DE YISHENG
成为女皇——武则天的一生
王寿南　著

策　　划	李亚伟	责任校对	梁小琪
执行策划	陆姿烨　卢秋韵	装帧设计	刘　凛
责任编辑	卢秋韵		

出版发行	广西人民出版社
社　　址	广西南宁市桂春路6号
邮　　编	530021
印　　刷	广西民族印刷包装集团有限公司
开　　本	787mm×1092mm　1/32
印　　张	11
字　　数	212千字
版　　次	2024年9月　第1版
印　　次	2024年9月　第1次印刷
书　　号	ISBN 978-7-219-11774-3
定　　价	68.00元

版权所有　翻印必究